Fragwürdig

Fragwürdig

Marianne Hartwig

Bibliografische Information Der Deutschen Bibliothek:
Die Deutsche Bibliothek verzeichnet diese Publikation in der Deutschen Nationalbibliographie; detaillierte bibliografische Daten sind im Internet über <http://dnb.ddb.de> abrufbar.

Copyright © 2019 Marianne Hartwig
Layout und Gestaltung: Chris von Gagern
Umschlag: Gerlinde Mader, *Kapriolen*, Acryl/Leinwand,
80 x 60 cm
Herstellung und Verlag: Books on Demand GmbH, Norderstedt
ISBN: 978-3-7504-1219-4

Das ist mir der liebste Leser, der mit und über dem Buch dichtet

Joseph von Eichendorff

Inhalt

ANHANG

Vorwort

Fragwürdig ist Marianne Hartwigs zehnte Sammlung von Gedichten. Die Sammlung ist deutlich umfangreicher als die letzten und thematisch in dreizehn Kapitel unterteilt.

Im ersten Kapitel 'Inselfreuden' geht es um die favorisierten Seiten der Wahlheimat der Autorin.

Im zweiten Kapitel stehen ihre tierischen Mitbewohner im Vordergrund, denen sie breiten Raum zugesteht.

Im dritten widmet sie sich der Vergeblichkeit des Lamentierens, das für sie ein rotes Tuch darstellt.

Das vierte widmet sie dem Andenken ihres verstorbenen Manns.

Im fünften versucht sie sich an Limericks, den fünf-zeiligen Nonsens-Gedichten nach englischem Vorbild.

Das sechste, 'Zauberworte' tituliert, fasst eine kleine Anzahl von Kern-Aussagen zusammen.

Im siebten geht sie ihren Träumen auf den Grund.

Das achte gilt ihrer Enkelin.

Das neunte, 'Gemeinsam allein', befasst sich mit dem periodischen Zusammenleben mit einer

Freundin.

Im zehnten Kapitel ist ihr altes Haus in ihrer früheren Heimat das Motiv.

Das elfte ist eine Ode an den Reim und gibt der Vorliebe der Autorin für Dichtung in jeder Form Ausdruck.

Im zwölften lässt sie andere Autoren zu Wort kommen, die sie besonders schätzt und gern zitiert.

Das dreizehnte und längste Kapitel thematisiert ihren engsten Lebensbereich und stellt auch insofern einen Schwerpunkt der Sammlung dar, als es ihre eigene Philosophie offenbart.

Chris von Gagern, Ibiza, Sept. 2019

FRAGWÜRDIG

Inselfreuden

Meerblick

Was immer mir in den Sinn kommt
in Verbindung mit Meerblick
es ist ein Geschenk und formt
Gedanken zu Worten – zu Rückblick
Bestandteil der Gegenwart, die Erinnerung einschließt
Wie der abendliche Sonnenuntergang, den jeder der
    Meer und Leben liebt, genießt.

Ich höre ihr zu

Der Stille über dem Tal
Sie ist grün und duftet nach Rosmarin
Wieder einmal
ist die Natur die Herrscherin

Lässt Zauberfarben entstehen
Was wir mit unseren Sinnen wahrnehmen können
ist nur
der Abglanz der Natur

der denjenigen bescheint
der meint
dazu beizutragen
mit weniger Klagen.

Mondkalender

Die ersten *Nispero*-Blüten
Wie immer schon im Dezember
Und wie immer wundere ich mich
Du lebst auf eine Insel im Süden
raunen sie mir zu – das scheint dir manchmal zu
entgehen
Schau in deinen Mondkalender
Der hilft dir, uns besser zu verstehen.

Auf dem Weg nach San Juan

Jedes Jahr im Dezember begegne ich dir wieder einmal
Ich staune dich an
Schön siehst du aus – wie gemalt – phänomenal
Dieses Mal halte ich an auf dem Weg nach San Juan

Du duftest, leuchtest, bist ein prächtiger Anblick
Fühlst dich sichtlich wohl in all deiner Pracht
Genießt den Bewunderungsblick
Bist wie ein lebensfrohes Kind das lacht

Wie in jedem Jahr beschenkst du mich mit deinem
Charme
Du, der erste blühende Mandelbaum auf dem Weg
nach San Juan.

Ojalá

Die Tage werden schon wieder länger – ein Duft
von Mandelblüten liegt in der Luft

Die Inseljahreszeiten
verbreiten

Zukunfts- und Wohlgeruch
Er steht im Widerspruch

zu all den Weltnachrichten
all den Berichten

von Hunger und Tod
in all der Not
bleibt die Freude am Dichten – *ojalá.**

* Span. für Gott sei Dank

Neigen

Wenn es Mandelblüten schneit
und der Sturm die Blütenflocken über den Dreschplatz treibt
ist das Zuschauen aus der warmen *casita*[*] die reinste Freude
So ein stürmischer Freudentag ist heute

Die Sorgen verstecke ich im Klage-Buch
das zur Zeit außer Reichweite liegt
Die Insel hat den Ruf
zu den schönsten zu gehören, die es auf unserer Erde gibt

Hier leben zu dürfen und sich dauernd zu beschweren
heißt u.a. das halb volle Glas immer wieder auszuleeren
Ausleerer zu meiden
ist ratsam für diejenigen, die zu Klagen und Leiden neigen.

[*] Span. für Häuschen

Ins Meer

Von der Höhe unseres Luftschlosses blicken wir
auf unsere kleine Inselwelt
Sehen keine Nachrichten, verschließen nicht einmal
in der Nacht die Tür
Nehmen uns die Freiheit zu tun was uns gefällt

Wenn auch andere sich dafür interessieren
freut uns das – sehr

Die Angst, zu viel Zeit zu verlieren
verjagen wir am Abend hinaus ins Meer.

Strauß aus Licht

So wie eine Schwalbe noch keinen Sommer macht
macht ein blühender Mandelbaum noch keinen Frühling
Doch Zauberin Natur schickt einen Boten ihrer Schönheit
    und Macht
Wie ein Schmetterling
zieht er Bewunderung auf sich
Leuchtet und duftet in der in diesem Jahr letzten
Vollmondnacht
Ein Strauß aus Licht
verschwenderisch.

Farbspektakel

Leuchtend gelb blühende Kleewiesen
Im Tal von Sta. Inés ein wahres Mandelblüten-Meer
Verschwenderin Natur lässt alle wissen:
Ich verwöhne euch, was wollt ihr mehr

Ein Farbspektakel
Auch Griesgrämigen bleibt es nicht verborgen
Doch sie erwähnen lieber den Hagel
statt sich im Mandelblüten-Tal zu erholen von
Griesgram, Klagen und Sorgen.

Garten Eden

Nach einem Spaziergang im Mandelblütental in Sta. Ines
fühlt der Tag sich an wie ein Fest

Ein Duft von Blüten
Von Frieden

Eine Insel, die zu den schönsten dieser Erde gehört
Und auf der darf ich leben

An einem Tag wie heute nenne ich sie Garten Eden.

Ich arbeite noch daran

Das Dach meines Holzhauses gefällt den Hunden der
    Gäste sehr
Idealer Spiel- und Aussichtsplatz finden sie
Herr- und Frauchen spielen lieber am Meer
Leider haben sie – die Hunde – nicht wie Katzen die
    Gewohnheit ihre Haufen zu vergraben und die
leuchten und duften in der Sonne was Herr- und Frauchen
    nicht stört
Schließlich machen sie auch Urlaub von guten Manieren
    und der ist einen Ballermann wert

Nicht immer bleibe ich bei meiner ursprünglichen
    Meinung mit Hilfe von Touris meinen
Lebensunterhalt zu verdienen sei vergnüglich
Aber schließlich
ist auch dichten manchmal ärgerlich

Im Gegensatz zu den Hundehinterlassenschaften
verbreitet es keine Düfte
Nur immer wieder eine Geschichte die selbst
Hundeliebhabern gefällt
Besser würde ihnen ein Gedicht gefallen, das freudig bellt

23

Ich arbeite daran
Unsere verstorbenen Hunde hörten sich gerne meine
    Gedichte an.

Eine ergebene Dienerin

Das Meer wiederzusehen – nach zehn Tagen
Que alegria!*
Das Rauschen, der Duft, der Blick in die Unendlichkeit
In allen Lebenslagen ist das Meer Alpha und Omega

Für eine miserable Schwimmerin
die ich bin
ist es die größte Verführerin
Unbezwingbar wie die Poesie ahnt die ergebene Dienerin.

* Span. 'Welche Freude'

Begehrenswert

Alles was planmäßig läuft ergibt keine interessante
    Geschichten
Die unerwarteten und traurigen sind begehrter
erzählenswerter
Doch ein ganz und gar vertrautes Geräusch verführt
    zum Dichten

Ein warmer Mairegen kommt daher
Wie ein Verführer
Lässt die Natur duften und strahlen
Lässt sie Aquarelle malen

Freiluft-Malerei – brillant
William Turner im Wunderland

So ein Mairegen verführt zu Dank-Gedichten und
-Gebeten
Ist weder traurig noch unerwartet und doch erzählenswert
Begehrenswert
Mehr als einen Reim wert.

Beglücken

Zwei volle Zisternen
Ein Geschenk der Natur
Mai-Regen pur
Wir alle schauen zu und lernen
Flachdächer zu reparieren

So ein Flachdach ist nicht nur ein brauchbares
Regenauffang-Becken
Es hat in seinen Ecken
auch Ritzen und Risse die den Mai-Regen
zu rätselhaften Umwegen bewegen

Um dann als Pfütze neben Sofa und *cama* zu enden
Oder als Rinnsal an den Wänden

Auch Naturgeschenke haben so ihre Tücken
die den Beschenkten nicht nur beglücken.

Lebensfreunde Tiere

Im Paradies

Zu tun was einem gefällt
und dafür auch noch geliebt zu werden
wer auf dieser Welt
könnte sich nicht vorstellen so zu leben – ohne
    Beschwerden

Hinzu kommt ein bedingungsloses Grundeinkommen
Freies Wohnen
Bei Millionen
willkommen – schon bei den Pharaonen

Mit Schönheit und Klugheit versehen
Faulenzen als Lebens-Ideal
Von all den zusätzlichen erfreulichen Eigenschaften
    einmal abgesehen
So ein Lebewesen zu erschaffen war genial

Und wem gelang das? Der Natur
Eine Katze ist die gelungenste Kreatur

Leider ist sie Jägerin
und keine Vegetarierin

Für absolute Vollkommenheit ist eben nur im Paradies Platz
Und wer will da schon sein – ohne Katz.

Noch ein Zitat von Petrarca:
"Die Menschheit lässt sich grob in zwei Gruppen einteilen:
In Katzenliebhaber und vom Schicksal Benachteiligte.

Ein Leben lang

Nachts schlafen die Zikaden
Mit den ersten Sonnenstrahlen beginnt das Konzert
Natur-Balladen
Laut und keinesfalls bei allen Zuhörern begehrt

Stadtmusikanten sind nicht entzückt von der Monotonie
Doch wer verliebt ist in diese Sommer-Symphonie
hat Sehnsucht danach – ein Leben lang.

Nach der Zeit zu zweit

Der Jahrhundertsommer hat so seine Tücken
Nicht jede Katz liebt über vierzig Grad im Schatten
Und so nisten wir uns behaglich bei *air-conditon* in
    der *casita* ein und gestatten
uns erst am Abend auf dem Dreschplatz in den
Abendhimmel zu blicken

Da staunen wir den Blutmond an
und den übergroßen leuchtenden Mars
Zwei Stunden lang
Das wars

Als Mensch und Katz sehnt man sich auch in einer   Blut-
    Vollmondnacht weniger nach Einmaligkeit
als nach Zufriedenheit
Nach der Zeit zu zweit.

Im Hier und Jetzt

Fast lautlos ist die Stille im Pinien-Tal
Noch schlafen die Zikaden
Um die Katzennäpfe huschen Eidechsen, eine kleine Maus
und eine unendliche Zahl
von Ameisen eilt auf ihren bekannten Pfaden

In der Welt der kleinen Lebewesen fühle ich mich daheim
Ich störe ihre Kreise nicht
Die große Pinie vor der *casita* bietet Schutz vor zu viel
    Sonnenschein

Dass Ingeborg Bachmann Zikadengesang
unmenschlich fand
leuchtet mir nicht ein
Die Natur hat ihre eigenen Vorlieben laut und leise zu sein
Für sie ist ein Menschenfest mit Tanz und Musik auch nur
    wie eine Rauferei
mit viel Geschrei

Zwischen Großstadt- und Zikadenlärm liegen Klangwelten
Sich für eine zu entscheiden passiert eher selten

Der seidene Faden der die beiden Welten verbindet
    ist wie ein Spinnennetz
Sich darin zu verfangen heißt immer wieder staunen
    im Hier und Jetzt.

Besiegen

Einen Gedichte-Tag gönne ich mir heute
Schon am Morgen weiß ich: Heute mach ich mir eine
    Freude

Ich greife wahllos ins Regal
Ordnung herrscht da nicht
Was mir in die Hände fällt – völlig egal
Hauptsache Gedicht

Rhythmus, Phantasie in Freud und Leid
am liebsten Reime
Trostspender schon in der Kindheit
Ich wollte sie alle im Gedächtnis behalten
Eigene Bücher gab es keine
Und nur mein alter Kater Stinki hatte Zeit, sie
    kennenzulernen – die neu vorgetragenen und
    alle die alten

Katzen und Gedichte sind zuverlässige Begleiter geblieben
Sie werden immer in meiner Nähe sein und mir helfen
    Angst und Kummer zu besiegen.

Herr in der *casita*

Kater Manx ist Vegetarier
Die köstlichsten Fischreste verachtet er
Gemüsetrockenfutter ist sein Lieblings-Verzehr
Das verspeist er genüsslich und nebenher

Eine Schale Milch ist wünschenswert
Die wird auch von *el jefe*[*] Rojo begehrt
Dann zeigt sich wieder einmal wer der Herr in der *casita* ist
Derjenige, der das Beste zuerst frisst.

[*] Span. für Chef

Schwerhöriger

Sie braucht Trost denkt Kater Rojo
und hüpft auf ihre linke Schulter
Beruhigend schnurrt er ins Ohr – so
als wüsste er:
Das tut ihr gut
Jeder braucht in dunklen Zeiten Zuspruch und Mut
Linksohrig zu hörende Schnurrereien gefallen ihr sehr
Er weiß, rechts ist sie schwerhöriger.

Erkennen

Als Hauskatz scheint das Leben ein Spiel zu sein
Ist am Morgen das Frühstück noch nicht serviert
denkt Katz: Langweilig ist Spielen allein
und demonstriert
das geräuschvoll mit allem was sich mit vier Pfoten
    bewegen lässt

Kugelschreiber eignen sich besonders – als Test
hilft auch ein Sprung ins Bücherregal
Doch so ein lauter Bücher-Fall
stimmt die Aufwachende nicht fröhlich
Erst ganz allmählich deckt sie dann den Tisch

Laut ins Ohr zu schnurren wäre vielleicht die bessere
    Methode
Oder einen leichten Klaps mit meiner so beliebten sanften
    Pfote
Darüber muss ich weiter nachdenken
Seitdem die Menschen wissen, dass wir denken können
können sie auch unsere Absichten erkennen.

Umweg

Mit der Wärme kommen die Ameisen
Quer durch die *casita* führt ihr Weg
in Ameisenkreisen
ist Zielstrebigkeit ein Beleg für gut funktionierende
    Hierarchie

In der Außenküche bin ich einverstanden mit eurer
    Prozession
Ich habe Respekt vor eurer Anti-Demokratie
Aber die *casita* ist mein Zuhause und die
Mitbewohner brauchen schon

mein Einverständnis – ich weiß ihr gehorcht eurer Königin
Als Herrscherin wird sie bis zu fünfundzwanzig Jahre alt
Die Lebenszeit eurer Männer ist dagegen gering
Euer beachtlicher Staat existiert ohne Gewalt

Es fällt mir leicht, euch gewaltlos aus der *casita* zu
    vertreiben
Angeblich könnt ihr den Geruch von Zimt nicht leiden
Seitdem es auf eurer Strecke durch die *casita* nach Zimt
    duftet musstet ihr euch für einen Umweg entscheiden.

Gesang

Sie werden älter als wir
Bis zu zweihundert Jahre können sie erreichen
Ein friedliches Säugetier
Ein Kind wächst 16 Monate im Bauch der Mutter heran
und wird ein Jahr lang nicht von ihrer Seite weichen

Liebevolle Tanten begleiten es lang
Über große Entfernungen können sie miteinander reden
Ihre Sprache ist Gesang
Es ist eines der intelligentesten und größt:n Lebewesen
auf unserem Planeten

Die Japaner schlachten sie wieder ab
50.000 Tonnen Wal (fr)isst eines der reichsten Völker,
das alle Delikatessen der Welt hat
Die Begründung: Zur japanischen Ess-Kultur gehören Wale
Jeder einzelne Esskultur-Japaner ist ein Kannibale.

Es ist zu ertragen

Wenn Kater Rojo seinen Schwanz um die Schreib-
maschine drapiert
heißt das: erst streicheln, dann schreiben
Verstanden – schon kapiert
Wie du weißt, macht das Zeitvertreiben
ohne dein Schnurren nicht erfinderisch

Schnurren ist absolut notwendig
Ich sehe schon an deinem Blick
Du zweifelst nicht daran
Schließlich entstehen beim Schreiben Fragen

Dann schaue ich dich an
Und es ist zu ertragen
dass ich sie nicht beantworten kann.

Mit Licht

Angeblich verdanken wir
Isaac Newton nicht nur die Gesetze der allgemeinen
    Schwerkraft
Sondern auch die Katzenklappe an der Tür
Da seine Katze ihn störte, weil sie die Tür zu einem
    dunklen Dachboden auf dem er Lichtexperimente
    durchführte lautstark mit der Pfote öffnete
schnitt er ein Loch hinein
Die Katze wollte schließlich bei ihm sein

Ist die Legende wahr?
Wir wissen es nicht
wohl aber dass Newton ein Katzenliebhaber war
und dass er experimentierte – nicht nur mit Licht.

Auswählen

Kater Rojos liebstes Spielzeug ist ein Kugelschreiber
Vielleicht ließ ich ihn deshalb eine lange Geschichte
    schreiben
Auch wenn "Kater Murr" der bessere Erzähler ist –
    Rojos Geschichte geht noch weiter –
leben die beiden
eng mit ihren Menschen-Freunden und haben Verständnis
    für deren Eigensinn und die damit verbundene Mühsal

Im Zweifelsfall
werden damit Auseinandersetzungen verhindert indem
    alle mit dem Stift spielen

Sie wollen nur Geschichten erzählen
und am liebsten die vielen
die sie erfinden beziehungsweise auswählen.

Seine alten Regeln

Als Ich-Erzähler schaut Kater Rojo nachsichtig auf seinen
    Kollegen Manx
Der liegt auf seinem Platz im Bett – darf der das?
Ohne meine Akzeptanz?

Im alten Jahr hätte ich ihm das nicht erlaubt
Aber heute, am ersten Januar
Auch wenn meine Menschenfreundin nicht an gute
    Vorsätze glaubt
beginne ich mit Nachsicht das Jahr

Weitere Zugeständnisse, lieber Manx, mache ich nicht
El jefe bin ich
Ich bin der Geschichten-Erzähler
Begeh nicht den Fehler
das infrage zu stellen
Auch ein Neues Jahr hat seine alten Regeln.

Befreien

Ein Morgenvergnügen ist es in der Schreibecke auf
    Verse zu lauern
Manx scheint es ähnlich zu gehen auf seinem Lieblings-
    platz vor den Terrassenmauern
Eine Maus oder einen Vers einzufangen setzt Geduld
    voraus
Ist spannend
Lebensnotwendig ist es nicht, schließlich gibt es reichlich
    Trockenfutter im Haus

Voraussetzung ist auch keineswegs Talent
Nur eines ist unverzichtbar: Neugierde und Lust auf das
    Fang-Experiment

Ein guter Fang bedeutet nicht: Jetzt bist Du am Ziel
Im Gegenteil, Mensch und Katz freuen sich auf das nächste
    Spiel

Ein guter Fang überlebt dann
wenn er sich aus den Krallen seiner Fänger wieder befreien
    kann.

Dann und Wann

Wir verstehen uns auch obwohl wir nicht die gleiche
    Sprache sprechen
Wir verständigen uns mit Gesten – teilen dem anderen
    unsere Wünsche mit
Ein liebevoller Blick ist wie Lächeln
Innerhalb unseres Lebensraums ist jeder Schritt ein
    Aufeinander-Zugehen
Vor allem dann wenn nicht zu übersehen
ist, dass der eine ohne den anderen nicht leben will und
    kann

Die Freiheiten, die wir uns gegenseitig zugestehen
    kündigen wir vorher an
Ich besuche manchmal meine schöne Nachbarin und
    bleibe über Nacht bei ihr
Einen Schlüssel habe ich nicht aber meine eigene Tür
Wenn meine Menschenfreundin einen Koffer neben
meinen Schlafplatz stellt mit diesem entschuldigenden
    Blick
heißt das: Du weißt, dann und wann fliege ich in meine
    andere Heimat aber ich komme immer wieder zurück.

Eine ganze Weile

Zu den schönsten Lauten auf Erden
gehören Schnurren und Meeresrauschen
Sie suggerieren: Du musst nur lauschen
und alle melancholischen Gedanken werden
davongetragen
verwandeln sich allmählich wie bei einer Meditation
    in Behagen

Wenn meine Lieblings-Katz schnurrend feststellt:
Sie ist beschaulich – unsere kleine Welt
Ich schaue dir zu beim Schreiben
Und du hörst mir beim Schnurren zu
Ich und du
wir sind zu beneiden
Und so wird es noch eine ganze Weile bleiben.

Auch Mut

In Rotkehlchenkreisen hat sich herumgesprochen
dass der Salbei blüht
Es wird nicht lange an Blüten gerochen
Mensch und Vogel wissen: Salbei ist gesund, man
    sieht es von weitem –
Dicke Hummeln umschwirren ihn
Sich bei Salbei zu treffen bedeutet Frühling

Auch Rojo schaut sich den Blütenplatz an
Aber nur weil das seine Jagdlust stimulieren kann
Die Rotkehlchen sind auf der Hut
Salbei ist nicht nur gesund, er macht offenbar auch Mut

So ein Salbei-Verzehr
ist ein Genuss
wie ein Kuss
Und jeder Genießer will mehr.

Nestbau

Kennst du die Außenküche der *casita*, nicht weit von hier
fragt der verliebte Spatz seine Frau
Die ist beim Salbeiblüten-Verzehr
und weiß es im Moment nicht genau

Um die Mittagszeit speisen dort immer auch die Katzen
    und andere, die uns nach dem Leben trachten
Sei nicht leichtsinnig
Vorsicht ist überlebenswichtig
Du musst auch bei Salbei-Blüten-Gelüsten auf Umsicht
    achten

Übrigens zieht der Falke im Tal wieder seine Kreise
Falken bauen keine Nester wie du weißt
was so viel heißt
Unseres ist vor ihm sicher, weil es zu klein ist
Die Menschen überschätzen manchmal unsere List

Seitdem die Klugen wissen, dass wir denken können
    halten sie uns für schlau
Vor allem schätzen sie unsere Monogamie und unseren
    Nestbau.

Lebensfreunde

Mein Standpunkt – oder sollte ich Sitzplatz sagen – ist klar
Ich, Kater Rojo, habe mir zwar
meine Menschenfreundin ausgesucht, aber ich bin
und war immer unabhängig
eigensinnig
zu Zugeständnissen bereit – nur
wie ein Hund Befehle auszuführen liegt nicht in meiner
  Natur

Ich sitze gern in ihrer Nähe
Da gibt es viel Papier
Und Papier ist mir
aus Gründen, die ich nicht verrate ziemlich sympathisch
nahezu unentbehrlich

Zum Glück muss ich meine Gedanken nicht aufschreiben
Ich kann mir auch so gut die Zeit vertreiben
Lebensnotwendig ist es nicht mehr – das Mäuse-Jagen
in diesen satten Zeiten
in denen die Menschen unser Katz- und Mausspiel
  übernommen haben

50

Wann und warum ich manchmal die Umgebung erkunde
    erzähle ich nicht
Aus meiner Sicht
gehören zu einer guten Freundschaft auch kleine
    Geheimnisse
Sie sind Erlebnisse die ich allein genieße
Grenzenloses Vertrauen
lässt dem Anderen den Freiraum eigene Wege zu gehen
    und mit seinem Blick in die Welt zu schauen

Wenn ich nun doch grundsätzlich ihrer Meinung bin
macht das Sinn
Auch wenn eine alte Freundin
ihren Refrain nicht liebt: Ich bin die, die ich bin
Schon gar nicht wenn sie hinzufügt: eine eigensinnige
    Reimerin.

Zur Kenntnis nehmen

Muss ich mit Rojo zur Tierärztin gehen
Braucht er mich nur anzusehen

Und erkennt meine Absicht
Ist auf der Hut, versteckt sich

Vielleicht sah er auch nur den Korb in der Ecke stehn
Wie auch immer, wie ein Mensch der zur Kenntnis nimmt:
"Man merkt die Absicht und man ist verstimmt".*

* Johann Wolfgang von Goethe

Statt Lamentationen

Ibiza-Himmel

Ob ich sie ernst nehme ist nicht zu sagen
Ohne sie wäre der Alltag schwer zu ertragen

Ich sollte mich zu ihnen bekennen
einen Titel suchen, sie beim Namen nennen

Ein Jeder hat das Recht zu Zwängen
auch wenn sie einengen

Ich gebe zu, ich kann mich nicht mehr befreien
von den Insel-Vers-Spielereien

Während andere klagen und lamentieren
überfällt mich der Drang zu reimen, zu fabulieren

Den Luxus lasse ich mir von den Sommergästen finanzieren
Nicht nur Reiche und Schöne können auf der Insel existieren

Am besten lebt sich's mit einem Fimmel
Ohne ihn hält man sie nicht aus, die weltweit bekannte
    Freiheit unter dem lockenden Ibiza-Himmel.

Es ist wahr

Nicht mehr viel Zeit zu haben ist ein Anreiz
Wenn nicht jetzt, wann dann
was so viel heißt:
In diesem Augenblick
winkt das Glück

Es winkt nicht nur, ist greifbar
Sobald du es fühlst
wird dir klar
Es ist wahr:
In diesem Moment ist es da.

Kein Spielverderber

Solange Neugierde mit im Spiel ist, hat die Melancholie
    schlechte Karten
Neugierde heißt nicht untätig warten

Sie ist kein Spielverderber
Macht jeder Melancholie Ärger

Fördert aber nicht unbedingt die Poesie
Die ist das Herzenskind der Melancholie

Als Poesie-Liebhaberin neugierig zu sein ist kein Kunststück
nur ein Zipfel vom Glück.

Ein idealer Aufenthalt

Rückzug nenne ich mein Leben in einem Holzhaus
    im Wald
Nach all den Jahren in Großstädten mit vielen Menschen
    und Experimenten
ist es wie ein idealer Aufenthalt
zum dichten und nachdenken

Mit Freunden treffe ich mich am Meer
Ein Luxus den ich schätze
Große Menschenansammlungen liebe ich nicht mehr
Die schönsten Plätze
rund um mein Naturparadies genieße ich voller
    Dankbarkeit
und der Gewissheit:

Jeder Tag könnte der letzte sein
Doch ein Waldhaus lädt immer auch zum Weiter-
    Träumen ein.

Einverstanden zu sein

Veränderungen vollziehen sich ohne uns um Einverständnis
     zu fragen
Wenn das Schicksal es gut mit uns meint
sind wir einverstanden und wagen
Zukunftspläne, denn jeder Tag scheint
wie ein Geschenk zu sein
das uns dankbar macht
Die frohe Botschaft heißt: Keiner ist allein
der auf der Suche nach dem Lebenssinn immer wieder
     einen Grund findet
einverstanden mit dem Schicksal zu sein.

Kein Garten

Wenn ein Herbsttag schon am Morgen seine Lichter
    aussendet
ist die Aufwachende von seiner Schönheit so geblendet
dass sie lautlos genießt
die sich öffnende *morning glory*[*] begrüßt

und sich neugierig fragt:
Gewinnt der, der es wagt

dem Tag zuversichtlich entgegen zu sehen
denn immer wieder wird geschehen
was wir am wenigsten erwarten

Rund um die *casita* grünt und spriesst es nach dem Regen
Buntes Unkraut – kein Garten
aber schillernde Farben auf den kleinsten Waldwegen.

[*] *Ipomoea indica*, Winde (bot.)

Verursachen

Glückliche Zeiten wollen festgehalten werden um
    zu beweisen:
Es gibt sie die andere Seite von Hass und Gewalt
Auch wenn die Tagesnachrichten
selten davon berichten
und ein happy end unzeitgemäß ist in all den Schuld-
    zuweisungen der täglichen Geschichten

Manchmal ist Glück nur die Abwesenheit von Leid
Und wer ist schon bereit
sich einzugestehen:
Glückliche Zeiten habe ich oft übersehen während
    ich auf der Suche war nach Schuldigen und
    Machenschaften die Leid verursachen.

Lebensfreude

Als Lamentierer ist man kein Verführer
Meistens ein Lebensfreude-Verlierer

Die Lust zu Lamentieren
zelebrieren
vor allem die, die komfortabel leben
zwar nicht mehr im Garten Eden

aber in einem Land, das zu den reichsten der Welt gehört
Ihnen Demokratie und Frieden gewährt

Lamentierern fehlt es selten an Geld
Nur an Lebensfreude, die, wie sie im Geheimen meinen
den Nicht-Lamentierern einfach zufällt.

AN-DENKEN

In der Zeit zu zweit

Die goldroten Knospen des Granatapfelbaums ziehen
    Blicke magisch an
Auf dem Dreschplatz sitzend schaue ich ins Tal
Dann und wann
zwitschert es im Sabinabaum, täglich lauter – phänomenal
immer farbenprächtiger
Überfluss
Hochgenuss
Ein Meer
von Leben wohin der Blick fällt
So ist sie, die Insel, eine Zauberwelt

Sein und Schein
Rückzug hat den Vorzug in zwei Welten zuhause zu sein
Ein wenig Selbstbetrug gehört zu dem Zwei-Welten-Dasein
Doch solange ich mir selbst davon berichte
gehören sie zu meinen Listen und Überlebenshilfen – die
    Gedichte

Ringelnatziger wünsche ich sie mir von Zeit zu Zeit
Aber sie wollen einfach nur so sein wie sie sind:
Ausdruck des Allein-Lebens – ich war auf ihre Hilfe
nicht angewiesen – in der Zeit zu zweit.

WIR

Wenn ich mich wieder einmal im Reim-Labyrinth verirre
    schreckt mich das nicht
Mich im Traum zu verlaufen ist eine Qual
In einem Gedicht
kann ich mich verlieren und bin doch jedes Mal
an einem bekannten Ort

Mit Hilfe des Ariadne-Fadens – dem Reim-Wort
schreiben sich Alltags-Gedichte wie ein Tagebuch der
    Gegenwart
Du bist immer dabei, denn die Vergangenheit ist Teil aller
    Gedichte
Das Heimlich-Lesen bleibt dir erspart
Ich habe keine Geheimnisse mehr vor dir
Erdichte dir und mir jede kleinste Geschichte
Das hast du dir doch immer gewünscht, dass ich nicht
    mehr ICH sage sondern WIR!

Leben und lieben

Seitdem ich weiß: ich werde mein altes Haus behalten
schaue ich meiner Reise mit Freude entgegen
Rojo ist aus dem Koffer gestiegen, Puschi und Manx halten
siesta in der Sonne, Teresa wird sie gut verpflegen

Und so reise ich in den Norden
Während alle Vögel in den Süden fliegen
Immer wieder meint das Schicksal es gut mit mir an den
    Orten
an denen wir einmal gemeinsam lebten und liebten.

Noch-da-sein

Das Leben ist weitergegangen
wie es eben weitergeht
Der, der weiterlebt
hat angefangen

Gegenwart und Vergangenheit miteinander zu verbinden
Die gemeinsame Zeit im Heute-Licht zu sehen
Rojo, Manx und Ardilla wollen jetzt mit mir zum über-
    tausend-jährigen Olivenbaum gehen
Gemeinsam leben wir im Hier- und Jetzt und finden

Solange du in unserem Gedächtnis und Herzen bist,
    sind wir nicht allein
Und so ist das Leben nach dem Tod ein unsichtbares
    Noch-da-sein.

Treue

Seitdem du tot bist
halte ich dir die Treue
Ob ich Untreue bereue?
Eher nicht
Bis dass der Tod uns scheidet
war das Versprechen
dem bin ich treu geblieben
Treue ist kein Verbot, sich zu verlieben.

Alle Geschenke

Wenn das Schicksal langsam beschließt
seine ehemaligen Geschenke zurück zu gewinnen
ist man zunächst ein Optimist:
Leben heißt immer wieder neu beginnen

Graue Haare, wie interessant
kontrastieren mit glatter Haut
gehen Hand in Hand
mit dem der sich traut

Liebes- und Lebenserfahrungen zu akzeptieren
Eine Brille? Alle Philosophen tragen sie
Und wie Form und Farbe mit dem jeweiligen Lebensstand
    harmonisieren
Doch allmählich gesteht sich der ehemals Beschenkte ein:
    gerechnet hat er nie

mit dem Rückgabe-Prinzip
Wer liebt
fordert kein Geschenk zurück
Er ist derjenige der gibt – vom ersten Augenblick

So ist es, meint das Schicksal – kompromissbereit
Im Gegensatz zu meinem Partner Tod lasse ich dir die Zeit
  mich zu akzeptieren
Bei ihm würdest du alle Geschenke gleichzeitig verlieren.

Ein Übeltäter

Heute fällt mir nichts ein – denke ich
und lasse meinen Blick über die blühenden Heckenrosen
    gleiten
Auch sie erinnern an dich
Alles was ich betrachte hat Bezug zu gemeinsamen Zeiten

Alt zu werden hattest du nicht im Sinn
Unabhängigkeit war dein Lebensprinzip
Solange ich die bleibe die ich bin
ist nur die Zeit ein Übeltäter – ein Dieb.

Nicht alles

In der Rolle als Mutmacherin gefalle ich mir
Meine Inselfreundin Irmelischka hat kein bezahlbares Haus
mehr gefunden
Dein Haus, liebste Freundin, war Treffpunkt der Insel-
Lebenskünstler,
mit dir, Barry, all den Tieren, dem Saxophon und dem
Klavier
feierten wir
bis in die Morgenstunden

Nach achtunddreißig Jahren hat ein gieriger Hausbesitzer
euch vertrieben
Gierige gibt es überall auf der Welt
Doch in dieser über tausend-jährigen Festung leben immer
noch Geister die Lebenskünstler lieben
Die geplante Bleibe für Super-Reiche erlauben sie und
die Naturschützer dem Gierigen nicht
Als Mutmacherin verbünde ich mich mit ihnen – auch
auf der Insel ist nicht alles zu haben – für Geld.

Besser als Klagen

So wie ich früher unseren Hund Buri an der langen Leine
spazieren führte, sind es heute die Gedanken die
einen Morgen-Rundgang unternehmen
auf alten Wegen
und neuen Wahrnehmungen die Wohlbefinden oder
    Irritation hervorrufen
Aufmerksamkeit erregen
Nach Antworten suchen
Mir immer wieder deinen Mut ins Gedächtnis rufen

Ohne ihn wäre die Vorstellung auf einer Insel zu leben
    ein Traum geblieben
Heute wage ich es nicht nur, auf der Insel zu leben
Ich habe den Mut, sie zu lieben
Sie ist mein Lebensmittelpunkt
und der Grund
pessimistischen Pessoa-Anhängern zu raten:
Wagen ist besser als klagen.

Ein Happy End

Es gibt ein Leben nach dem Tod
Aus Buri und Felino wächst eine Palme
Aus Jordi ein Pfeifenputzer
Aus Chica und Erizo Pfirsischbäume

Ich lebe mit meinen Lieben – ihrem umgewandelten
    Dasein
Täglich sind sie mir nah
Ich bin nicht allein
Sie sind und bleiben da
Die Vorstellung teil dieser Existenz zu sein ist beruhigend
Ein happy end.

Das Nein-Sagen

Erwartungsvoll dem Tag entgegen zu sehen
ist ein Geschenk
Sich einzugestehen
Was auch immer der Tag bringen mag
er ist eine Perle in diesem Daseins-Kranz
Oma liebte ihren Rosenkranz

Meditation nannte das damals niemand
Doch alle wussten, dass Oma beim Rosenkranz-Beten
    große Ruhe fand
die als Toleranz
wahrgenommen wurde – im Lebenstanz

Ist Meditation vererbbar fragt die Enkelin
Oma würde JA sagen
Sie hielt sich nicht nur für eine Sünderin
Vier Kindern vererbte sie: ertragen statt wagen

Die Enkelin übte lange das Nein-Sagen.

Lebenstanz

Ein bewegendes Leben
Wir sind die Protagonisten
Ohne deine Kühnheit, Jordi, hätte es dieses Leben nicht
    gegeben
Zehn Jahre nach deinem Tod gibt es Listen von Eigen-
    schaften, die mich immer wieder bewegen
Ich lebe in einem Land, das du ausgesucht hast – wie
    immer verwegen

Lebenstanz nennt das meine Freundin
Wer nicht mittanzt ist eine Verliererin.

Rätselhaft

Wenn wieder einmal ein kurioses Wort aus der Kinderzeit
    auftaucht sehe ich Oma vor mir
die ein Sammelsurium dieser Wortschätze aufbewahrte
Sie gehörten zu ihr
wie ihre Kittelschürzen von denen sie ebenfalls viele hatte

Warum mir gerade früh am Morgen das Wort Kladdera-
    datsch einfällt ist rätselhaft
Im Zweifelsfall war es ein Traum der Wort- und Bilder-
    schätze aus ihrem Versteck zauberte und ihnen neuen
    Glanz verschafft.

Gottvertrauen

"Gut Ding will Weile haben"
Meinte Oma schon
Ihre Redewendungen gehörten zu meiner Kindheit
wie die Religion

Und lieferten entsprechende Geschichten
Oma war auf Drängeln hin immer bereit
das eine mit dem anderen zu verbinden – der liebe Gott
    und die Zeit
würden es schon richten
war die Quintessenz all ihrer Geschichten

Vielleicht ist Gottvertrauen erblich
Und nur die Gebetsformen ändern sich
werden säkulärer und aus Gebet wird Gedicht.

Ohne Happy End

Wasser war dein Element
Für mich war es immer beängstigend
Meines ist Sprache sagte ich dann eigensinnig vehement
Eintauchen, untertauchen, in die Tiefe schauend – träumend

Pure Lust an Beweglichkeit
Sich treiben lassen
in einem Meer von unvorhergesehener Freiheit
Und einer Vorliebe für Wiederholungen, die Kritiker hassen

Jeder für sich in seinem Element
Du mit Flossen und Schnorchel in unbekannten Tiefen
Ich mit Papier und Stift und den geliebten Adjektiven
Wir nannten das Urlaub und machten es zu einem Dauer-
    Experment ohne Happy End.

Zuschauen

Ein Urgeheimnis ist der Tod
Wo ist sie – die Seele
wenn sie den Körper verlassen hat?

Wir sitzen an einem deiner Lieblingsplätze am Meer
lieber Barry
und schauen in die Wolken und auf die Fotos von dir

Du bist umgeben von all deinen Freunden
auf deiner Geburtstagsfeier, erst vor wenigen Tagen

Schaust du uns jetzt zu aus diesem geheimnisvollen Reich
das wir, die Noch-Lebenden, Himmel nennen?

Lebenskünstler Barry

Trost bei Tod
den gibt es nicht
Wohl aber ein Weiterleben in den Herzen der Menschen
die Lebens-Freunde waren und bleiben
in guten und in schweren Zeiten

Deren Geist uns umgibt
Kein Trost – nur Lebenshilfe für den der liebt
Und seine Liebe zum Leben weitergibt

Barry du gehörtest zu diesen Lebenskünstlern- und
    -Liebenden
Deine Energie hast du übertragen auf uns die-noch-
    eine-kleine-Weile-weiter-Lebenden.

Immer schon

Wenn Träume ein Sich-Suchen ist, wie Pessoa meint
finden wir immer wieder Fundstücke in unseren nächt-
    lichen Entdeckungsreisen
Sie scheinen ein Hinweis zu sein
neue Erkenntnisse nicht nur zu suchen sondern auch zu
    beweisen

Für manche Menschen sind Träume der Beweis
schon einmal ein anderes Leben gelebt zu haben
Keiner weiß
ob die geträumten Leben sich nicht wie ein seidener Faden
durch unsere wiederkehrenden Daseins-Formen zieht
wie eine Melodie – ein Lied

Irmelischka verstreut einen Teil von Barrys Asche im
    Rosenbeet
der zu uns als Rosenduft weht
Teil-Ausdruck seiner ehemaligen Lebensenergie
Wir, die Rosen-Betrachter spüren sie

Und so lebt er weiter in den Herzen der Menschen
und ihren Träumen – Reinkarnation
immer schon.

In Frieden ruhn

Herausforderungen bestimmen unser Leben
Sie können zurückgewiesen werden
lauern jedoch im Hintergrund
Und

Überfallen uns in Zeiten großer Not
Der Tod
Ist unser ständiger Begleiter
Auf allen Stufen der Schicksalsleiter
Ist er gegenwärtig
verfolgt ständig

Alles was wir tun
bis wir in Frieden ruhn

Du durftest im Schlaf sterben
Ich fand dich am Morgen mit geschlossenen Augen
Seitdem möchte ich an ein gnädiges Lebensende glauben

Heute ist deine Schwester, wie der Mann der sie liebte
        sagte, eingeschlafen
Jeder Euphemismus gefällt mir besser als sterben
Ob ihr euch trefft in dem jenseitigen Hafen.

Die Zeit zu zweit

Finca-Hocker genannt zu werden
gefiel dem Insel-Süchtigen
Anzukommen auf einer Insel auf Erden
die zu den schönsten zählt, lässt all die wichtigen
Sucht-Aktionen
zur Ruhe kommen

Eine Zeitlang
doch dann

Sucht der Süchtige einen neuen Glück verheißenden Platz
Wer sucht findet immer einen Ersatz

Dieses Mal wollte ich nicht mit ihm gehen
und die Welt nur mit meinen eigenen Augen sehen

Manchmal höre ich ihn im Traum fragen
Würdest du es jetzt wagen?

Mit der Antwort lasse ich mir Zeit
Jetzt bin ich die Finca-Hockerin, die unendlich dankbar ist
    für die Zeit zu zweit.

Solange man sucht

Es war einmal ein Insel-Süchtiger
für den hatte die Sucht viele Gesichter

Nachdem er seine Insel gefunden zu haben glaubte
raubte
sie ihm die Lust

Er hatte nicht gewusst:
auch eine Insel-Sucht
macht nur Lust
solange man sucht.

Limericks

Prächtig

Das viele Lamentieren ist lästig
Vielleicht seid ihr zu wenig beschäftigt
möchte ich fragen
doch ich fürchte, dass sie sagen:
Du lebst auf einer Insel und da lebt es sich prächtig.

Ich wär so gern eine Nonsens-Schreiberin
mit nichts als Un-Sinn im Sinn
Doch dann wird mir klar
es ist leider wahr
Ohne UN macht das Ganze mehr Sinn.

Ein Vers von stattlicher Länge
Liest keiner so gern im Gedränge
Drum ist es ratsam für Versliebhaber:
Zieht euch in die stille Stube zurück
und genießt das Lese-Glück
ohne Wenn und Aber.

Immer wieder packt mich die Reim-Lust
zu behaupten das wäre nur Frust
ist wirklich eine Lüge
Denn in der Sonne auf einer Liege
Wäre Frust die reinste Undankbarkeit im August.

Die Prinzessin auf der Erbse beschäftigt mich schon
Doch ihre Intuition
gilt nur der eigenen Person
Ihre Erbse interessiert sie mehr
die unter der Matratze der anderen weniger.

Gurus fühlen sich auf der Insel zuhause
Sie verkünden ihre Erkenntnisse verhalten, ohne
Pause
untereinander sind sie skeptisch
eher kryptisch
In ihren Augen bin ich ein Banause.

Wer sich mit Unsinn beschäftigt
macht sich verdächtig
Schließlich steckt in jedem Geschehen ein Sinn drin
sagt der Gescheite
Kein Wunder, dass Unsinnige gescheite Gurus meiden.

Ein Wortspieler ist überzeugt von seinem Glauben:
Kein noch so geschickter Teufel kann mir mein Spielzeug
    rauben
Wobei er vergisst
dass der Teufel nicht hinter seinem Spielzeug sondern
    seinem Glauben her ist.

Wenn nach all den vielen
Wortspielen
das Spielen langweilig geworden ist
sage ich: Mist
Mit Spielen ist zwar Zeitvertreib aber keine Anerkennung
    zu erzielen
nach der auch Glücksspieler schielen.

Die Bibel

Krankheiten werden von vielen Menschen begeisterter
    deklamiert als Gedichte
Unterbrochen zu werden nehmen sie dir übel
Was wäre ohne Schreckensberichte die Bibel.

ZAUBERWORTE

Ojalá

Nur am Morgen gelingen Sprach-Spiele
Auf Mitspieler bin ich nicht angewiesen
Versteckt in Traumgeschichten gäbe es viele
Ich müsste sie nur hervorlocken, indem ich ihnen ein
    Zauberwort anbiete
zum Beispiel eines, das immer wieder auftaucht: *Ojalá*

Mach eine Geschichte aus mir, all meine Spiel-Variationen
sind für dich da
Verzichte auf Regeln, dich selbst kannst du nicht
betrügen – *OJALÁ.**

* Span. für Gott sei Dank

Jeder x-beliebige Ort

Schreiben beruhigt, Worte suchen ihre eigenen Pfade
Tragen Gedanken mit sich fort
Führen sie – herausgeputzt – wieder vor wie auf
einer Promenade
oder einem Ort

an dem sie Versteck spielen
Spielen hilft immer sobald man den Wünschen nachgibt
Von all den vielen
Solospielen ist Schreiben deswegen so beliebt

weil man sich die eigenen Spielregeln schafft
unsichtbare Mitspieler auf der Spielfläche erscheinen lässt
auf keinen Fall dauerhaft
wie bei einem Fest

Ablenkung ist das Zauberwort
Spielplatz ist jeder x-beliebige Ort.

Zauberworte

Ohne sie können wir uns ein Leben nicht vorstellen
Wir brauchen sie wie unser täglich Brot
Ohne sie hätte ein Meer keine Wellen
Ohne Hilferufe in der Not

Wie Sterne scheinen sie unendlich zu sein
Wie Sterne leuchten sie oder lassen uns allein
Gleichzeitig haben sie eine Melodie

Machen unsere Gedanken sichtbar
Stellen sie bloß
oder ansprechbar
machen uns anspruchslos oder rücksichtslos

Wenn wir beschlossen haben, sie zu unseren Helfern
    zu machen
gehen wir mit ihnen um wie mit einem Menschen der zu
    uns hält
Dann rühren sie uns zu Tränen, bringen uns zum Lachen
Sind Friedensstifter auf der ganzen Welt

Ein jeder kennt sie, weiß dass es sie immer geben wird und
    gibt
für denjenigen der liebt:
ZAUBERWORTE.

Geheimnis Träume

Hier bleiben wir

Schon am frühen Morgen widme ich mich meiner
    Eigentherapie
Träume statt Reime sind die Therapeuten
Mit einem zu großen Auto durch zu enge Gassen zu
    fahren erfordert wenig Deutungsphantasie
Aber was hat das Kopfsteinpflaster, das aus Köpfen besteht,
    zu bedeuten?

Die Gasse führt zu einem lichtüberfluteten Platz
Wie die weißgekalkten Hauswände im Morgenlicht
    flimmern
War die Fahrt über die Steinköpfe doch nicht für die Katz
Wollte ich mich nicht um die bei Irmela's Auszug zurück-
    gebliebenen Katzen kümmern

"Spitzchen, ich habe ein Frauchen für dich gefunden",
    rief ich laut
und Spitzchen schaut
aus der weit offen stehenden Kirchentür
An ihrem Blick erkenne ich: Sie will kein Frauchen,
    hier ist ihr Zuhause
ich nicke, hier bleiben wir.

Verborgen

Nach manchen Nächten lassen sie sich nicht einfangen
meine Geschichten-Erzähler, die Träume
Sie sind wie Bäume
die in den Himmel zu wachsen scheinen

In deren endlos hohen Kronen die schönsten Vögel wohnen
und sicher meinen
wir Menschen in unseren geschlossenen Räumen
hätten Angst vor dem Fliegen
Könnten nur vom Fliegen träumen
Was sie nicht wissen: In Flugträumen lässt sich die Angst
    besiegen

Angstfrei den Morgen zu beginnen
lässt sich nicht erzwingen

Doch manchmal gelingen Tagträume am frühen Morgen
In jeder Suche nach einem verlorenen Traum ist eine
    Geschichte verborgen.

Kleiner Fehler

Den Tag mit der Erinnerung an einen Traum zu beginnen
ist eine wahre Freude
Träume sind wie Gedichte – sie gewinnen
Macht über Stimmungen an einem frühen Morgen wie
    heute

Ich hatte den Auftrag, auf einer großen Messe die neuesten
    Modelle vorzustellen
nur was mir gefällt
Einzige Bedingung: Sie sollten von bisher Unbekannten
    sein – avantgardistisch
Und es spielte keine Rolle – das Geld

Müde und zufrieden schaute ich mir am Abend meine
    Bestellungen an – überglücklich
Allerdings war mir ein kleiner Fehler unterlaufen
Ich sollte Klamotten und keine Bücher verkaufen.

Beim Einschlafen

Fasziniert starre ich die Wand an
die leuchtenden Farben
eine vergoldete Naturlandschaft
grün-goldene Pinien, die in den Himmel zu wachsen
    scheinen

Ich kann den Blick nicht abwenden
und schaue bis es dunkel wird
Erst dann merke ich:
Die Wand ist ein großes Fenster durch das ich
in diese farbenprächtige Naturlandschaft schaue

So einen Farb-Traum wünschte ich mir beim Einschlafen.

Bis in den Morgen

Weil ich sie nicht abweise begleiten mich die nächtlichen
    Dämonen
Ihre Macht dehnen sie bis in den Morgen aus
Sie versetzen mich in lebensbedrohliche Situationen
Rauben mir mein geliebtes altes Haus
Hetzen mich nackt durch unbekannte Zonen
bis ich mich erschöpft in die Tiefe stürzen will

Doch dann wird es plötzlich weich und still
Ich schwimme in einem Meer von Farben
Pures Wohlbehagen
Wohlig und warm
schmiegt es sich an
schmeichelt und gurrt

Und so endet der Traum und auf meinem Bauch liegt
    Kater Rojo, der schnurrt.

Lebensgefühl

Ein Traum weckt mich mitten in der Nacht
Einer der froh macht

Über jedes Detail freue ich mich
greife zu Stift und Papier und es ist

als wäre ich mitten im Geschehen
wie ein Wiedersehen lässt jede Szene Bilder entstehen

Ein *deja-vue*-Erlebnis
Vergangenheit und Gegenwart – kein Zeit-Hindernis

Gleichzeitig traumhaft
und mit dem Tagesgeschehen verbunden

Nur der Traum schenkt uns dieses Zusammenspiel
immer wieder begleitet von einem intensiven Lebensgefühl.

Zuwinken

Wenn ein Alptraum wieder einmal die Morgenstunden
    zu überschatten droht
fahre ich ans Meer
Lade allen Kummer in ein Gedankenboot
und schaue ihm lange hinterher
bis es immer kleiner werdend
am Horizont verschwindet

So ein Morgenexperiment
überwindet
manchen Alptraum
und schafft neuen Raum
für Wunschträume
die statt im Meer zu versinken
mir auf hohen Wellen zuwinken.

Warten auf ein Wunder

Warum manche farbenprächtig sind ist rätselhaft
Die skurrilen scheinen bunter zu sein
Alpträume sind ohne Farbenpracht
Vor allem die, in denen keine Menschen zu sehen sind
    – ich bin allein
fahre im Bus in einem Land dessen Sprache ich nicht
    verstehe

In einer dunklen Gasse erklärt der Busfahrer vor einem
    düsteren Haus
nicht weiterzufahren – ich sehe
keinen einzigen Menschen, steige aber aus
und lande auf einem Platz, auf dem sich hunderte von
    tasmanischen Teufeln räkeln – die Sonne geht unter
Ich setze mich zu den Teufeln und warte auf ein Wunder.

Wie Götterboten

Wenn in der Nacht die Welt der Geister erwacht
die mich in ihren Bann ziehen
Mich verführen
Ob sie spüren
dass ich einverstanden bin mit ihrer vorübergehenden Macht
Auch dann wenn sie mich in unbekannte Regionen
    entführen
Mich konfrontieren
mit Situationen und einer Kraft
die am Tage nicht unbedingt glücklich macht

Warum seid ihr nächtlichen Geister unsichtbar
Und warum ignoriert ihr den Verstand
Ist es wahr
Seid ihr mit kosmischen Energien verwandt
Immer schon da gewesen
Unsichtbare Wesen
die die Menschen Engel nennen

Manchmal schenkt mir eure Macht Flügel
Dann betrachte ich diese wundervolle Erde von oben
Kein Wunder, dass ich nicht auf euch verzichten will
Ihr seid wie außerirdische Götterboten.

Wagemutig

Ein Traum prophezeit den Ausstellungserfolg meiner
    Freundin
Auch einen Titel: "Sommer-Farben-Sinn"
Träume sind der ungelebte Teil von uns – durch Bilder und
    Gedichte werden sie sichtbar
Wie bei Gefahr
heisst es: Sei auf der Hut
Vorsichtsmaßnahme tut gut
Voraussagen
heißt wagen

In unseren Träumen sind wir wagemutiger
Da wissen wir:
Wir sind wie das Meer – ein Naturelement
das seine Macht nicht kennt.

Durchsonntes Land

Während ich die Bilder meiner Freundin anschaue
denke ich
Eine wunderbare Idee war es die Mittsommerbilder
    miteinander zu verbinden
Alles Blau in jedem Bild
aber sollte aus feinstem Lapislazulistaub sein

Der ist unbezahlbar in dieser Menge meint sie
Ich übernehme die Kosten wenn ich dafür das
einzige nicht verkaufte Bild der nächsten Ausstellung
in meiner Speicherwohnung aufhängen darf
sage ich

Beim Aufwachen schaue ich auf das Bild, das mir
schon immer am besten gefallen hat:
"Durchsonntes Land".

Verlieren

Fast jeder Traum ist wie
ein absurdes Zusammenspiel von Erlebtem und Phantasie

Logik und Verbote scheinen nicht zu existieren
Wir können fliegen oder auf dem Meeresgrund spazieren

Selbst Alpträume verbinden
Angst und Schrecken mit der Sehnsucht herauszufinden

ob wir Gefahr und Lebensbedrohungen überstehen
auf der verzweifelten Suche einen Ausweg zu sehen

In einem Alptraum verlaufe ich mich, renne nackt ohne
    Pause
und finde nicht zurück in mein Zuhause

Und dann wache ich auf, eine andere Wahrnehmung
    nimmt ihren Lauf

Ohne Schlaf könnten wir nicht existieren
Und ohne glückliche Träume würden wir in schweren
    Zeiten unsere Lebenslust verlieren.

Wie glücklich-sein

Wenn nach einem wundersamen Traum das Erwachen
   noch Freude ist
ist der Träumende dann nicht
nur einer der vor sich hin dichtet
Ein Illusionist?

Wer dichtet
der richtet
sich ein
in seinen Träumen
In ihnen die Wirklichkeit zu versäumen
ist wie glücklich-sein.

Wie der Wind

Erfreuliche Träume sind wie erlebte frohe Geschehnisse
Sie verursachen Tageswohlbehagen
Sie aufzuschreiben setzt eine gewisse
Bereitschaft voraus – wer will sich schon am Morgen mit
    Worten herumplagen

Seitdem die Träume farbig sind
bleiben sie länger im Gedächtnis, sind wie Melodien
    oder Gedichte
bezaubern eine Zeitlang und verwehen mit dem Wind
So ein farbig-froher Traum ist wie eine gut verfilmte
    Geschichte.

Farbenblind

Wenn ich mir vor dem Einschlafen einen interessanten
    Traum wünsche
erfüllen die Nachtgeister manchmal meinen Wunsch
Dann nehme ich auch Alpträume in Kauf
Beim Aufwachen schreibe ich die, die mir gefallen auf

Da mischt sich Surreales mit Erlebnissen und Berichten
Seitdem die Träume farbige sind
verführen sie zum Dichten
Nur Alpträume machen farbenblind.

Nachahmung

Mit Gedanken spielend den Tag zu beginnen
ist ein Vergnügen, das ich mir nur selbst bereiten kann
Die Lust, den Tageswettstreit zu gewinnen
fange ich mit Sprachspielen an

Und genieße das, was von den Träumen in Erinnerung
     geblieben ist
Ich traf einen alten Freund, der wissen wollte: Bist
du tatsächlich in deinem Waldhäuschen mit dir im Reinen

"Schau es dir an!" sage ich
Natur und Tiere verwöhnen mich
Und ich kann endlos vor mich hin reimen
Was Gleichgesinnten gefällt
und anspruchsvolle Kritiker von Nachahmung abhält.

Tagträumen

Nur ein Traum kann schuld dran sein
griesgrämig aufzuwachen und dem Tag verdrießlich
    entgegen zu sehen
Zum Glück fallen mir keine Einzelheiten ein
Unsere nächtlichen Träume haben wir, wie das Schicksal,
    anzunehmen

In den Tagträumen sind wir die Gestalter – so wie es
    uns gefällt
träumen wir von einem Leben ohne Angst und Gewalt
    auf der Welt
Und manchmal schaue ich mir einen Tag lang
nur mit einem Menschen den ich liebe Meer und Insel an
Dann bin ich dankbar, dass ich tagträumen kann.

Für meine Enkelin

Für Janina und Keven

Heute am 18.8.18 werdet ihr getraut
ein altmodisches Wort
das immer noch gefällt wenn man sich traut
dem anderen zu sagen:
In guten und in schlechten Zeiten
traue ich mir zu, dich zu begleiten

Das Zauberwort heißt Vertrauen,
gemeinsam in die Zukunft zu schauen

Ein gutes Omen ist die Zahl Acht – sie steht für Eigen-
      verantwortung und Harmonie
Immer schon – vergeßt es nie.

Frag-würdig

Ständig Fragen zu stellen ist unbeliebt
ist fragwürdig
Wenn es keine zufrieden stellenden Antworten gibt
wird Denken bedenklich – macht misstrauisch
Ist sozusagen anrüchig

Warum führen alle Religionen Kriege?
Warum ist der Liebe Gott männlich und dreifaltig?
Und warum durfte sein Sohn auf Erden keine Frau lieben?

Glaub keinem der dir sagt, dass Sexualität eine Todsünde ist
wenn du nicht verheiratet bist

Einen Himmel und eine Hölle, die gibt es nicht
Aber Strafe und Belohnung schon hier auf Erden
Liebe ist das Zauberwort um glücklich zu werden.

Vielleicht

Katzen, Bücher und Natur
und eine Wanderung am Meer
Was will ich mehr
Nur
Träume von einer gerechteren Welt
Meiner Enkelin gefällt diese Yaya*-Illusion
Immer schon
fühlte sie sich in der *casita* daheim
Und wenn Yaya auf Wolke Sieben schwebt
wird die *casita* vielleicht ihre Heimat sein.

* Oma

Überwintern

Adam und Eva – die Vertreibung aus dem Paradies
Der Sohn Gottes – jungfräulich empfangen auf Erden und
    wie er sie durch Himmelfahrt wieder verließ
Ich gebe mir große Mühe, sie meiner Enkelin zu berichten
    all die wundersamen Geschichten

Zum Lieben gehört glauben und zum glauben hoffen
Dreieinigkeit verführt immer zum dichten
So ist es, das Leben in seiner unendlichen Vielfalt
nicht plausibel
Das erklärt neben der Wissenschaft im Zweifelsfall nur
    die Bibel

Ich gestehe ihr, dass auch meine eigenen Geschichten
    nicht nur erfunden sind
Sie klingen vielleicht unwahrscheinlich, sind aber teilweise
    wahr – auf einer Insel entstanden
auf der nicht nur Hippies strandeten
und Ihre Geschichten verwehten mit dem Wind

Es sei denn, meine Enkelin erzählt sie ihren Kindern
und die wollen in Omas alter *finca* auf der Insel nicht nur
    überwintern.

Ein leeres Blatt

Kannst du mir eine Geschichte erzählen
bettelt meine Enkelin und kuschelt sich mit Rojo in der
    Sofaecke ein
Wie ich dich kenne, soll es eine von Tieren sein
Du darfst wählen

Von Spatzen oder Katzen
Von beiden meint sie energisch
Am liebsten von der klugen aus der Strandbar, die immer
    weiß an welchem Tisch du sitzt
So wie die Spatzen

Seitdem sie sah, wie die Tigerkatz uns immer zurück
    begleitete bis zum Parkplatz
möchte sie am liebsten, dass wir sie mitnehmen – sie ist
    eine Strandkatz
erkläre ich ihr dann, die den Strand und das Meer liebt
bei uns gibt
es statt Touristen nur Pinien
und hier ist sie die Strand-Königin

Das leuchtet ihr ein
Vor allem weil Rojo schon wartet in der *casita* – unter

Pinien, daheim
Ihm kann sie dann von der Schönen berichten
Denn auch Rojo liebt Geschichten

Und so schließt sich der Kreis
von dem jeder weiß
und es schon in der Kindheit erfahren hat:
Ohne Geschichten ist das Leben ein leeres Blatt.

Freie Wahl

Als Yaya die auf einer ehemaligen Hippie-Insel zuhause ist
bleibe ich für meine Enkelin spannend
Sie freut sich auf die Insel, auf die Tiere und käme nicht
    auf den Gedanken zu fragen: Bist
du hier zufrieden?
Fühlst du dich nicht fremd?

Wir malen und dichten
Und manchmal reden wir in Reimen
Am liebsten mag sie kleine Geschichten
die wir gerade erleben oder erfinden, die erzählen wir
    sonst keinem

Wen interessiert schon, dass die kluge Eidechse lieber
    ihren Schwanz der Katze überlässt
als mit Haut und Schwanz verschlungen zu werden
Der Schwanz wächst nach – die Katz hat einen reichlich
    gefüllten Magen
Sie will nur jagen
So ein Naturspiel ist in keiner Stadt zu besichtigen

Und Yayas, die keine Fehler berichtigen

gibt es nur hier, denkt Asya und möchte am liebsten bleiben
Später einmal heißt es dann
Nicht ein ganzes Leben lang kann man sich mit malen
    und reimen die Zeit vertreiben
Es sei denn ein Sechser im Lebens-Lotto beschert das
    Schicksal
Oder der Glaube, man hätte eine freie Wahl.

Gute-Nacht-Gebet

Einen Platz wie diesen habe ich noch nicht gesehen
Diese Insel ist einfach schön
Das wollte ich dir noch sagen, lieber Gott, bevor ich
    einschlafe
Sonst zähle ich oft, wie Mama, vorher Schafe

Aber hier
fallen mir
am Ende des Tages sofort die Augen zu
Dann habe ich die schönsten Träume im Nu
bin umgeben
von Yayas Tieren, die mit ihr im Holzhaus leben
Gestern wurde ich von ihrem Lieblingskater Rojo geweckt,
    mit ihm kann ich reden

Yaya meint, in seinem letzten Leben sei er ein Mensch
    gewesen
Und jetzt nur wie ein Mensch – ein fühlendes Lebewesen
Und dann erzählt sie mir Geschichten
Die würde sie nur bei allen Religionen ausleihen und
    etwas umdichten

Am besten gefallen ihr Wundergeschichten
Da müsste man gar nichts dazu dichten

127

sagt sie dann erfreut
und vertauscht, wie Mama meint,
wichtige Propheten – so wie heut
Zum Beispiel: nicht Buddha wäre in den Himmel
    aufgefahren sondern der Gottessohn

Mir ist das eigentlich egal, das mit der Reinkarnation
kannte ich ja schon
Denn dass Rojo ein Mensch war und jetzt nur wie eine
    Katz aussieht
erkennt doch jeder, der ihm in die Augen sieht
und sein Schnurren versteht

Das wollte ich dir noch kurz sagen lieber Gott
Es ist mein heutiges Gute-Nacht-Gebet
Und entschuldige Yaya ihre Verwechslungen, sie liebt
    dich und mich
Und sie glaubt an dich

Ihr gefällt einfach nur mehr als eine Religion
Und vor allem die Reinkarnation
Ich würde auch lieber hier auf der Insel all die Wieder-
    geborenen sehn
als in Hamburg in den Kindergarten zu gehn
Yaya sagt, wenn man sich etwas ganz fest wünscht,
würde es auch in Erfüllung gehn.

Bekennen

Intensiver ist zur Zeit das Traum-Leben
weil es einfach geschieht
Es ist auch beängstigender – ich bin unterlegen
Jeder Schritt

scheint vorherbestimmt
Und ich schaue zu – wie im Wach-Dasein
nimmt
mir das Geschehen meinen freien Willen, ich bin allein

Ausgeliefert einer nicht beherrschbaren Macht
Sie Gott zu nennen
heißt zu erkennen:
Sie existiert, wie immer du sie nennst, früher oder später
    wirst du dich zu ihr bekennen

Daher ist das Alter nicht nur (laut Philip Roth) ein Massaker
Es lehrt Demut und mit etwas Schicksalsgunst
die Kunst

zu erkennen: Da ist mehr als unser Verstand sich vorstellen
    kann

Und lass dir von keiner Religion oder Wissenschaft die
     Frage verbieten:
Wie und wann fing die Evolution an
Auch der Urknall ist nur eine Theorie

Die Geschichte von Adam und Eva ist romantischer
Daher erzähle ich die meiner Enkelin, die findet sie auch
     spannender.

Gemeinsam allein

Manifest

Nachdem tagelang kein Gedichtentwurf zustande kam
übte ich mich in *paciencia*[*]
Ein Jeder kann warten und zu sich sagen: Ja

Ich akzeptiere
Schicksalsgunst und -Ungnade – dann verliere
ich meine Gelassenheit
und bin zu jedem Kokolores bereit

Unsinn macht Sinn
Und Mut zu der Aussage: Ich bin die, die ich bin

Daraus entstehen wie bei meiner Freundin die schönsten
    Bilder
In manchen steckt ein wilder
Protest
Gleichzeitig Freudenfest und Manifest.

[*] Span. für Geduld

Gemeinsam allein

Genau so möchte ich leben
wie ich im Jahr davor gelebt habe
All die frohen und traurigen Zeiten miteinander verweben
ohne Klagen

Auf die Frage
Bist du zufrieden mit deinem Leben in Zurückgezogenheit
    fällt mir nur ein
Ich bin in einer privilegierten Lage:
Mit meiner Freundin und den Katzen gemeinsam allein.

Treu ergeben

Von all den personifizierten Mitstreiterinnen
bist du mir die liebste gewesen
Ich konnte mich auf dich verlassen, deine Zustimmung
    gewinnen
Immer in Reichweite, wie ein Buch und die Lust am Lesen

Doch dann hast du deine Zuverlässigkeit verloren
Wenn ich nach dir rief warst du nicht da
In kalten Zeiten wie das Wasser eines Sees – zugefroren
Es gab dich, nur nicht so wie es einmal war

So wie aus Wasser Eis werden kann
wurdest du starr, wolltest nicht mehr fließen
Wie fange ich es nur an
dich aus dem Starr-Sinn zu erlösen, ich bin auf dich
    angewiesen

Beschäftige dich mit mir
Du hast mich vernachlässigt
Ich sage dir
alles was du wissen willst, selbst wenn du ihn zu vermeiden
    suchst – den Gewissenskonflikt

Eines darfst du von mir nicht erwarten: einen Kompromiss
In der Not schwöre ich einen Meineid für dich: Dein dir
treu ergebenes Gedächtnis.

Traumhaft

Die Bilder meiner Freundin verführen zu Wort-Malereien
befreien

von Trübsinn
und Gedanken an Gewinn

Ich darf mir die aussuchen, die zu meinen Vers-Spielereien
passen
sie lassen

neue Wortschöpfungen entstehen
von altmodischen wie Frohsinn einmal abgesehen

Und am Abend sitzen wir vor der *casita*
hören den Spatzen zu bei ihrem Geschrei um Schlafplätze
es ist uns gelungen ihr zu entfliehen – der Großstadt-Hetze

Wir sind ein wenig stolz aufeinander, denn es ist wahr:
Wir haben uns gefunden auf der Insel
eine mit Stift, die andere mit Pinsel

Dann fragen wir uns von Zeit zu Zeit
wieviel Zeit uns noch bleibt

Nicht so wichtig zetert lauthals ein Spatz
Hauptsache jeden Abend gibt es diesen traumhaften
    Schlafplatz.

Immer schon

In den Mittsommerbildern meiner Freundin Schmetterlinge
    zu sehen
ist meine Betrachtungsweise
Zu sehen wie sie entstehen
ist Teil unserer gemeinsamen Lebensweise
die auf der Insel einen Ort gefunden hat
der Farben und Worte umwandelt

Aus einem Schmetterling wird ein Blatt
und umgekehrt – es handelt
Sich um eine Licht-und-Sicht-Phänomen-Pracht
die aus der Wirklichkeit zeitweise Träume macht

Nicht nur den Blumenkindern gelang diese Illusion
Suchende träumten von ihr – immer schon.

Gedicht-Sammel-Strauß

Wenn ich nach einem Gedicht-Entwurf den Wunsch habe
ihn meiner Freundin vorzulesen
ist das ein Zeichen dafür: gar nicht so übel – die
    Morgengabe
Und im Nachhinein stellt sich heraus
Es sind die gewesen
die mir auch heute noch gefallen in meinem Gedicht-
    Sammel-Strauß.

Träumen

Wie gemalte Gedichte
sind die Bilder meiner Freundin – nur
in ihnen erzählt sie ihre Geschichte
inspiriert von Licht und Farben, der Natur

Rund um die *casita* breitet sie Leinwände aus
Täglich spiegeln sie Eindrücke in neuen Formen und
    Kompositionen
Am Abend sitzen wir am Meer oder vor dem Bougain-
    villea-umwachsenen kleinen Haus
und wissen, das Schicksal meint es zur Zeit gut mit uns
Nicht jedem schenkt es die Gunst
auf einer Insel zu dichten, zu malen, zu träumen – zu
    wohnen.

Mit Stift und Pinsel

Eine der schönsten Zusammenspiele ist es
am Ende einer Gedichtsammlung
ein Bild meiner Freundin als Titelblatt auszusuchen
Dieses Mal hat sie es ausgesucht
"Kapriolen"
Wie es mir gefällt
das Miteinander-Leben auf der Insel
mit Stift und Pinsel.

Luftschlösser

Zwei Einsiedlerinnen freuen sich auf die Zwei-Siedelei
Viele Leinwände, Bücher, Papier liegen griffbereit
Und ganz nebenbei
das Gefühl, vogelfrei zu sein

Vertrautheit, unendlich viel Zeit
und das Bewusstsein:
Solange wir der Schicksalsgunst vertrauen
lassen sich Luftschlösser bauen.

Schicksalsgunst

Manchmal stimmen unsere Gedankenbilder überein
Gerlinde drückt sie in Farben und Formen ich in Reimen aus
Nehmen wir sie in Augenschein
stellen wir fest: Wie ein Blumenstrauß

Die unterschiedlichsten Formen und gleichzeitig ein
    Zusammenspiel
Beim Betrachten gäbe es noch so viel
zu verändern
Und doch gefällt uns das derzeitige Farbenspiel
wie unser Beisammensein in zwei verschiedenen Ländern

Schicksalsgunst
und ein ganz klein wenig Lebenskunst
in der Zeit
die noch bleibt.

Verliebt

Ob du für dich selbst ein heilsamer Umgang bist weißt du
    erst dann
wenn du allein in einem Waldhaus lebst mit deinen Tieren
und ein jeder deiner Freunde dich besuchen kann
solange bleibt, wie es ihm gefällt um gemeinsam oder
    allein den Rückzug zu zelebrieren
Jeden Tag von neuem mit der Gelegenheit sich zu freuen

Wenn es dann noch eine Freundin gibt
die das ähnlich sieht bist du ganz in das Allein-Sein verliebt.

Irritiert

Gegenwart ohne Erinnerung ist unvollkommen und
     unvollständig
Die Unvollkommenheit der Erinnerung hilft um zu
     überleben
Das Allein-Leben macht nur deshalb lebendig
weil Verzeihen Voraussetzung für das Gelingen ist

Unabhängig sein als frohgemuter Pessimist
nicht an Schuld und Lamentation interessiert, lebe ich
     allein
solange es mir gefällt
Zusammenleben wird nicht infrage gestellt

Immer noch träume ich von einer Lebensgemeinschaft
wie es sie schon einmal gab
unter der Voraussetzung von Bereitschaft zu einer gleich-
     gesinnten Partnerschaft

Wer erfahren hat, dass sie – zeitweise – existiert
ist von Unvollkommenheit nicht mehr irritiert.

Wunschtraum

Manchmal, beim Anblick eines Bildes meiner Freundin
wünsche ich mir so dichten zu können wie sie
"Malerei eine stumme Poesie".

Schade

Eine mutige Freundin zu haben
ist von all den Schicksalsgaben

Eine die dankbar macht
Vor allem dann, wenn nicht nur in der Nacht

die Angstgespenster
ihren Freudentanz aufführen vor dem *casita*-Fenster

Und dir zuflüstern in ihrer Gespenster-List:
Schade, dass du feige bist.

Mein altes Haus

Wenig Sinn

Spatzenlärm in den Haselnusshecken
Der Frühling ist da
Es zwitschert, summt und duftet in allen Ecken
Wie in jedem Jahr

Breitet die Natur ihre Schätze aus
Duft und Farben auf Schritt und Tritt
Es raschelt, huscht, flattert rund ums Haus
Wir sind alle wieder zurück

Der Marder rumort nicht mehr in seinem Versteck unter
    dem Treppengang
Vielleicht ist er umgezogen – Mottenkugel-Geruch den
    lieben Tag lang
ist auf Dauer sicher lästig
Andere Schlupflöcher in der Scheune gibt es reichlich

Allerdings ohne Warmwasser-Leitung, die natürlich ausfällt
    wenn die Bewohnerin sich im warmen Süden aufhält
Von Nachbars Katzen ist nur die weiße eine tägliche
    Besucherin
Ohne Tiere macht das Leben auf dem Land wenig Sinn.

Saumselig

Wenn ein altes Wort aus Kinderzeiten
plötzlich meinen Gefühlszustand beschreibt
Bitte ich es zu bleiben
Und es bleibt

Nistet sich ein
Sieht wie Oma listig über den Brillenrand – schaut
und meint:

"Saumselige Tage müssen sein"
und zufrieden zieht Oma sich mit dem Rosenkranz in
      ihren Liegestuhl zurück
und murmelt das Wort SAUMSELIG!

Zu ertragen

Was gehen mich meine Erwartungen von gestern an
Wären sie in Erfüllung gegangen
könnte ich sie heute nicht mehr abwandeln und dann
müsste ich wieder neu anfangen
mit den Zweifeln: Bleibt es mein altes Haus oder nicht
Immer noch gibt es Variationen
die sich lohnen
überdacht zu werden – ein neuer Mieter ist in Sicht
warum soll nicht weiter funktionieren
was 30 Jahre lang hieß: Was hilft ist ausprobieren

Fremde nach ihrer Meinung zu fragen
fällt aus
Es heißt: Du bist wie dein Haus
unberechenbar und nur als Zufluchts-Stätte zu ertragen
Nur Katzen stimmen mit dieser Lebenseinstellung überein
Ich würde gerne meine Katz, aber sie nicht gern ein
    Mensch sein.

Entdecken

Wenn im Haus meiner Kindheit
nicht mehr die alten
Hausgeister regieren, ist es an der Zeit
die Gegenwart umzugestalten

Neue Einbildungsmuster entstehen
inspiriert von denen die schon immer
halfen weiter zu weben – voraus zu sehen
wie einst Urgroßvater im Web-Zimmer

Noch heute gefallen seine Leinenhemden und -Decken
So ein Klosterhof wird auch in Zukunft weiterbestehen
Künstler, Gäste werden ihn schätzen, sich manchmal
    verstecken
hinter seinen Fachwerkwänden um die Gegenwart neu
    zu entdecken.

Für immer

Lautlos ist die Nacht – wenn bis Mitternacht
die Dorflaterne
mein altes Haus erhellt
und danach nur das Licht der Sterne
in das Kinderzimmer fällt
ist meine kleine Welt
fast so wie sie einmal war
ganz und gar nicht voraussehbar

Und ohne Groll
überlasse ich mein altes Haus
Seinem neuen Eigentümer
Ich darf darin wohnen bis zu meinem Lebensende –
    also für immer.

In meinem Leben

Ein Zufall ist ein Einfall der dann auffällt
wenn er als Glücksfall wahrgenommen wird
An einem Scheideweg stellt sich immer wieder die Frage:
Was wäre geschehen, hätten wir andere Wege ausgewählt

Wären wir dann in der Lage
gelassener unser Schicksal anzunehmen?
uns weniger nach nicht erreichten Zielen zu sehnen?

Ich habe die Verantwortung für dich, mein altes Haus,
     abgegeben
Aber immer noch ist ein Teil von dir Zufluchtsort in
     meinem Leben.

Keineswegs

Wenn ich mit meiner Kindheitsfreundin zusammen bin
die entspannt auf ihr Leben zurückblickt
schließe ich sie in die Arme und bin beglückt
Wussten wir schon am Lebensanfang: Du bist und bleibst
meine Freundin

Das Schicksal meinte es gut mit uns, sagt sie gelassen
Sie ist eine schöne und kluge alte Lebenskünstlerin
Wir kichern und genießen den Sonnentag auf den großen
Terrassen
So kann es eine Weile bleiben, meint meine geliebte
Freundin

Und erzählt Geschichten aus längst vergangenen Tagen
Frag mich nicht nach einer von gestern – für die ist mein
Ehemann zuständig
Arbeitsaufteilung grinst der: Sie klärt die Vergangenheit,
ich die Alltagsfragen
Sein Weib nennt er liebevoll "die Chefin" und
präpariert ein köstliches Mahl – wohlschmeckend und
keineswegs zeitaufwendig.

Ode an den Reim

Im Geheimen

Wenn ich wieder einmal bedaure, nicht schnurren zu
    können
suche ich nach verwandten Ausdrucksvarianten
Und siehe da, ich könnte einige beim Namen nennen
die vor mir schon viele andere kannten

Das Geheimnis liegt im Gleichklang, der Vibration
der Melodie, dem Ton
Meditation
kommt dieser Kombination
nahe, beruhigt, erfordert Konzentration

Ist spielerisch und war immer schon
für die, die Gleichklang lieben eine Faszination:
Das Reimen
Was es mit Schnurren gemeinsam hat weiß nur der, der
    immer wieder zu schnurren versucht – im Geheimen.

Und täglich lockt das Meer

Erwartungsvoll mit Papier und Stift dazusitzen
ist ein Morgenvergnügen – darauf will ich auch dann
    nicht verzichten
wenn keins in Sicht ist
Dabei fällt mein Blick auf den blau blühenden Salbei
    im Morgenlicht

Verblüfft sehe ich, wie ein Rotkehlchen eine Blüte verspeist
Was soviel heißt
wie warten und hinschauen
beinhaltet Vertrauen

Jeder Tag ist wie ein kleiner Reim in einer langen
    ungereimten Geschichte
Und wenn mir hin und wieder einer gefällt behalte ich
    ihn im Sinn
Und sage zufrieden: Was für ein gutes Gedächtnis-Training
So trainiere ich noch eine kleine Weile
Seitdem ich reime habe ich keine Eile
mehr
und täglich lockt das Meer.

Auch Disziplin

Als Glückspilz glaube ich an Wunder und manchmal
    gelingt mir ein Reim
Weil ich die wenigen, die mir selbst gefallen im Sinn
    behalten will
muss ich wählerisch sein
Mein Gedächtnis macht nicht das was es soll – es wird still
während ich am liebsten laut wäre

Und manchmal – wenn ich es lobe – präsentiert es sich
    als meditative Leere
Ausgerechnet dann, wenn ich aus dem Vollen schöpfen
    will hat es Leere im Sinn

An Wunder zu glauben ist ja christlich und gut und schön
Aber auch zum Reimen gehört nicht nur Kokolores
    sondern auch Disziplin.

Es Lohnt sich einfach nicht

Wenn das erste Wort auf der leeren Seite steht ist es soweit
Andere folgen – geben sich ein Stelldichein
zu zweit
bleiben nicht lange allein

Wenn Worte Feste feiern wollen laden sie Gäste ein
Tanzen, machen Musik
Erzählen Unsinn
Nehmen mit vielen kleinen Geschichten vorlieb
Sehen in jedem Wort eine Verführerin

Lassen sich auf Wendungen ein deren Ausgang nicht
    vorauszusehen ist
Kein Realist
liest ein Reim-Gedicht
Es lohnt sich für ihn einfach nicht.

Von Gedichten

Für viele Menschen ist es ein Herzenswunsch: Zurück
    zur Natur
Wenn Wunscherfüllung auch nach drei Jahrzehnten noch
    Gemütsruhe kennt
ist sie Selbstgenügsamkeit – wie Rousseau[*] seine Natur-
    verbundenheit nennt

Man muss nur
Träumereien und Schicksal in Einklang bringen
Eine Lebens-Kunst – sie kann gelingen
ohne zu verzichten:
Auf den Beistand von Gedichten.

[*] Jean-Jacques Rousseau, *Träumerein eines einsamen Spaziergängers*

Maskerade

Eine gereimte Autobiographie
ist nicht nur kurios
Sie ist eine Therapie
Alles andere als bedeutungslos
für den Reimer

Der lacht sich ins Fäustchen wenn einer
meint so und nicht anders wär es gewesen
vergessen
wurden all die Ungereimtheiten
Die nennt der Reimer Prosa
und versteckt sie in der Schublade
Nur ein Fauxpas
oder eine Geschichte für die Enkelinnen aus vergangenen
    Inselzeiten
Teil einer Gedächtnis-Maskerade.

Egoistisch

Wenn die Vergangenheit ein Versteck vor der Gegenwart
    wird entstehen Geschichten
Die lustigen, die dem Zuhörer gefallen, sind beliebt
Die traurigen leben fort in Gedichten
und bescheren dem Gedichten-Erzähler ein Wohlgefühl,
    das es nur in sicheren Verstecken gibt

Gedichte schreibt man für sich
Sie sind Ausdruck einer Auseinandersetzung ganz mit
    sich allein
und dürfen absolut egoistisch sein.

Unter Gleichgesinnten

Ein Tag der hat so seine Tücken
Schon früh am Morgen stellt man fest
Es geht nicht ohne Eselsbrücken
und hält sich am Geländer fest

Wie ein Geländer ist ein Reim
Am liebsten rechts und links der Brücke
Er schleicht sich ins Gedächtnis ein
und füllt sie aus – die Morgen-Lücke

So ein störrischer Esel ist auf der Brücke niemals allein
Andere Eselsbrücken-Liebhaber sind ebenfalls unterwegs
und beglückt, unter Gleichgesinnten zu sein.

Statt reimen schnurren

Auf Wolke sieben bin ich nicht allein
Auch Ringelnatz und die Katzen haben beschlossen,
    bei mir zu sein
Wie schon auf Erden sind sie meine Begleiter
und schnurren und reimen heiter:

So wie es in der *casita* war
sind wir auch hier für dich da
Wolke sieben ist nur eine Zwischenstation
Auch uns gefällt die Idee der Reinkarnation

Katz von Ringelnatz zu sein würde mir von allen
Glücksfällen am besten gefallen

Und Ringelnatz selbst als Katz
Nun ja, er würde nicht murren
und statt reimen schnurren

Wenn ein Traum wieder einmal zu einem Reim ge-
    worden ist
bin ich ganz zufrieden mit meiner Rolle als Possibilist.

Ein weites Feld

Ein Gedicht darf alles – maßlos und widersprüchlich sein
Wortbilder malen und sich wieder davon trennen
Es ist ein Stimmungsbarometer das Hoch- und Tiefdruck
    anzeigt ohne die Dauer zu kennen
Ein Rhythmus, mit sich selbst und der Welt in Reimen –
    oft mutterseelenallein

Vielleicht werde ich einst aufgenommen in den Club
    der toten Dichter
Da ist er wieder, der Größenwahn
zieht Gute und Bösewichter
in seinen Bann
in seine kleine Inselwelt
oder mit Fontane – auf ein weites Feld.

Als Reimerin

Rituale sind hilfreiche Begleiter
Selbst die kleinsten stimmen ein wenig heiter

Hier bin ich – deine Zeremonie
ich bin genau die

die du dir ausgedacht hast
was immer du gerne und regelmäßig machst

mit Freude und Lust
Ich zeige dir, wie du mich wirkungsvoll einsetzen musst

Die Illusion ist meine enge Mitarbeiterin
Aber da kennst du dich ja aus – als Reimerin.

Reim-Wunderland

Ohne einen Reim wäre der Alltag nicht der
der er wär
käme er
nicht schon am Morgen daher

Oft hatte ein Traum ihn schon ausgedacht
beziehungsweise ihn wieder entdeckt
Besonders erfreulich ist einer der mich aufweckt
So ein Reim-Geist wacht auch in der Nacht

Ein jeder hat seine nächtlichen Begleiter
Manchmal nehmen sie uns an der Hand
und entführen uns – leider
nicht immer in ein Reim-Wunderland.

Ein Rätsel

Ganz selten gefällt mir mein eigenes Gedicht
Es steht stellvertretend für die gewählte Lebensform
und die ist
sozusagen zufällig entstanden – hat weder Vorher-
  bestimmung noch Norm

Unzählige Schicksalsereignisse scheinen zu siegen
Bestimmen das Leben – wer beschließt schon sich zu
  verlieben
Oder hat eine Ahnung davon, wie er bei Tod reagiert
Unser Schicksal ist ein Rätsel, ein Geheimnis
das niemals die Neugierde es zu erforschen verliert

Bitternis ist eine Variante
Keine Konstante
Wer sich für Bitternis entscheidet
leidet

Wir alle haben nur die Wahl
zwischen Freude und Qual
neben den vielen
Zwischen-Gefühlen.

Schicksals-Überblick

Eine Herausforderung ist jeder Tag
Was immer er bringen mag
das entscheide nicht ich
Ich nehme nur Einfluss – mit meinem Gedicht

Daher hüte ich mich vor denen die keinen Trost
    versprechen
Auch wenn sie traurig sind, lasse ich sie zuversichtlich
    enden
Wir haben Einfluss auf unser Geschick
aber keinen Schicksals-Überblick.

Oder auch dir

Schreiben als Strategie
zur Linderung von Angst und Schrecken
Eine Zeremonie
auf Umwegen sich selbst zu entdecken

Alle Geschichten sind eine Komposition
aus Biografie
und Phantasie
Beginnen ein Eigenleben zu führen – lange schon
vor dem Wunsch, sie wie ein Mosaik zusammenzufügen
sie so zu kombinieren
dass Inhalt und Form den eigenen Vorlieben
entsprechen, herauszufinden und auszuprobieren:
Helfen und gefallen sie nur mir
oder auch dir?

Unvorhersehbar

Positive Adjektive sind das reinste Vergnügen
Ich kann nie genug davon kriegen
In der Literatur sind sie verpönt
zu geschönt – man argwöhnt:
romantisch – träumerisch

Und Träume sind so gar nicht realistisch
Schwärmend romantisch zu sein schließt sachlich-Sein aus
Die Leidensbeschreibungen werden hochgelobt in
    Gedichten
Ich liebe Happy-End-Geschichten
mitten im Pinienwald – in einem Holzhaus

Noch herrschen Adjektive unverdrossen weiter in meiner
    casita
Wie lange noch ist unvorhersehbar
Am Ende tut ein Substantiv Not
Ich adjektiviere es noch nicht obgleich es mich bedroht:
Tod.

Gedankenlist

Lange bevor Reimen als *slam-poetry* wieder beliebt wurde
liebte ich das Reimen
Rhythmus und Spiel lieben alle die reimen und keinem
wird das Reimen zu viel

Selbst in Träumen schleicht es sich ein
Begleitet auf der Trostsuche – vereinfacht
führt querfeldein
zu einem Sinn, einem Wortspiel, das Freude macht

Und gleichzeitig sagt: Ein Reim bleibt länger im Gedächtnis
eine Gedankenlist, die man lange nicht vergisst.

Erst danach

Wen interessieren schon meine Alltags-Reime
Mich
Für Geld zu schreiben muss behindernd sein
Keine
noch so verlockenden Wünsche stellen sich ein
bei der Vorstellung: Bis zu diesem Zeitpunkt hat deine
    Geschichte fertig zu sein

Auftragsarbeiten waren immer eine Plage
Wenn ich daran zurückdenke
wage
ich zu sagen: Meine Reime sind wie Geschenke
Gefallen müssen sie nur mir
Erst danach schenke ich sie dir.

Lebensneugierig

Schon früh waren für mich Gedichte
die schönste Erzählform einer Geschichte

Sie blieb im Gedächtnis – prägte sich ein
So entstand die Lust am Reim

In der Familie gab es keine Reim-Verehrer
aber auch keine -Verwehrer

Und so wurden sie zu geduldigen Gefährten
auf dem Weg lebensneugierig zu werden.

Ewigkeit

Ohne Gedichte
gäbe es nicht diese tägliche Geschichte
aus Freud und Leid
und der immer wiederkehrenden Gelegenheit
beides miteinander zu verbinden
um so den Alltag zu finden
der unserer Lebenszeit entspricht

Ein Entrinnen aus dem Zeitgefängnis gibt es nicht
Wie in einem Trichter bewegt sie sich immer schneller
    dem Ausgang zu
um einzumünden in einen Ausgang oder Eingang den wir
    nicht kennen
und daher Ewigkeit nennen.

Mitstreiter

Der Tag wäre verloren gegangen
hätte er nicht mit einem Gedicht angefangen

Auch die Katzen genießen diesen Tagesanfang
Müßiggang – einen ganzen Tag lang

Wenn dann noch das Zikadenkonzert beginnt
fühle ich mich wie das sprichwörtliche Sonntagskind

Von Pinien und Meer umgeben
So möchte ich noch eine Weile weiterleben

Die Nacht-Dämonen lassen sich von Gedichten nicht
    verjagen
Sie sind die hartnäckigsten in unbeantworteten
    Lebensfragen

Gedichte sind meine täglichen Wegbereiter
Meine Mitstreiter.

Heilmittel

Gedichte sind Gedanken
die bannen und wanken

Sie sind auf den Punkt zu bringen
ohne mit ihren Widersprüchen zu ringen

Sind Überlebensstrategie
die reinste Magie

die von Trauer und gleichzeitig Freude berichten
nicht verzichten

Das Leben ist ein Experiment
Und Poesie ein Medikament
Glaubt keinem der es Placebo nennt

Es ist wie Homöopathie
Für Poesie-Enthusiasten Flucht in die Phantasie

Das beste Heilmittel der Welt
für den dem das Dichten gefällt.

Fabulieren und Zitieren

Mond und Sterne

Manchmal, wenn in der Nacht
die Furcht erwacht
schaue ich in den Himmel voller Sterne
Dann raunt Mascha Kaleko mir zu aus der Ferne
"Die Nacht in der das Fürchten wohnt
hat auch die Sterne und den Mond".

Rätselhaft

Und als eine Weile vergangen war
– ein Enigma
wurde das Holzhaus im Pinienwald
zu einem Daueraufenthalt
in zehn Bänden

Auf einem kleinen Regal zwischen vielen anderen Wänden
Darin sind Teile dieses Rätsels festgehalten
"Loslassen" sagen all die Weisen

"Es ist wahr was sie sagen
was kommen muss kommt
geh dem Leid nicht entgegen
und ist es da
sieh ihm still ins Gesicht
Es ist vergänglich wie das Glück"*

Und manchmal wird so ein Zwangs-Loslasser
zu einem Festhalte-Verfasser.

* Mascha Kaleko

Privileg

Wer will schon gerne feige sein
Auch Pessimisten wollen es nicht
Sie wollen vor allem nicht mit ihrer Feigheit allein sein
Mut als Pflicht

Wagemut tut gut
Aber kein Übermut hilft in nachdenklichen Zeiten
in denen Richard David Prechts Gedanken im Gedächtnis
      bleiben:

"Während der Optimist Mut braucht kann es sich der
      Pessimist in seiner Feigheit bequem machen"

Lamentierern gehe ich aus dem Weg
Mit den Tieren zusammen zu leben ist ein Privileg.

Genieße sie

Zitate inspirieren beim Fabulieren
Seitdem ich bei Pessoa las: "Lesen heißt durch fremde
    Hand träumen"
überlasse ich mich meinen Tagträumen
ohne mich zu genieren

Ich bin nicht allein verantwortlich, fremde Hände sind
    im Spiel, streunen
durch Prosa-Gassen
und lassen
Realitäten außer acht
So sind sie die Zitate und Träume: Sie haben nur die Macht
die du ihnen verleihst
was so viel heißt
wie:
Genieße sie.

Überwinden

Vielleicht ist Dankbarkeit die Voraussetzung
für die alltägliche Lebensbewältigung

Ein Gespräch mit einer Freundin
Begegnungen mit Tieren auf einem Waldweg irgendwohin

lässt Frohsinn entstehen
Naturschönheiten sehen

Um die *casita* kreist seit Tagen ein übergroßer Schmetterling
gelb mit schwarzen Maserungen, viel größer als seine
    Zitronenfalter-Kollegin
mit nichts als Heckenrosen-Nektar im Sinn

Solange Schmetterlinge dunkle Gedanken vertreiben
müssen Pessoa-Zitate "wie schwierig ist es man selbst
    zu sein und nur zu sehen was sichtbar ist"
nicht im Gedächtnis bleiben

Sie entschwinden
Schmetterlinge sind hilfreich, Melancholie zu überwinden.

Immer schon

Sommertage in meinem alten DAHEIM
Zwischen all den Büchern voller Staub und Sonnen-
    schein
Alberto Manguel "Lesen ist wie atmen, eine essentielle
    Lebensfunktion"
Immer schon

ist "Die verborgene Bibliothek"*
wie ein Weg
auf dem ich atme, lese, am Ziel bin
Hin und wieder geht mir dabei das Meer nicht aus
dem Sinn

Dann reise ich zurück in das Land
in dem ich eine zweite Heimat und noch mehr Bücher
    fand.

* Alberto Manguel

188

Liebe dein Schicksal

Wie Freunde sind Bücher
In der Not sind sie da
Beantworten Fragen, machen sicher:
Wir begleiten dich – Jahr für Jahr

Du wählst uns aus
Wir sind für dich wie dein altes Elternhaus
Bieten Zurückgezogenheit und Geborgenheit
und immer wieder den Mut Vergangenheit
als Teil der Gegenwart wahrzunehmen
als wäre man bereit "das Unumgängliche zu wollen
und dann das Gewollte zu lieben"*
sich nicht nach Glücksverheißungen zu sehnen

"Liebe dein Schicksal".

* Friedrich Nietzsche

Selbsterkenntnis

Zitatenfreudige Autoren liebe ich als Zitatenliebhaberin
Besonders die, deren Romane sich wie Autobiografien
    lesen
Dann zitiere ich I. D. Yalom der Schopenhauer zitiert:
"Jeder liebt was ihm fehlt"*
Und weiß warum mir meine mutige Freundin gefällt.

* Irvin D. Yalom: *Die Schopenhauer-Kur*

Schicksalsmacht

Wenn mir manche Gäste ihre Urlaubslektüre dalassen
bestätigt sie mir den Eindruck, den ich von ihnen habe
Er lässt sich zu einer Zitatabwandlung zusammenfassen:
"Sage mir was du liest
und ich sage dir wer du bist"

Und dann entsteht manchmal daraus Freundschaft
Literatur als Lebenskraft' und Schicksalsmacht.

Spüren

"Wir alle lieben am anderen das was uns fehlt" *
Die Art damit umzugehen
kann zu Lebensfreundschaften führen
Sie setzt die Bereitschaft voraus sich einzugestehen
mit all ihren
Erwartungen ist Liebe das was wir lebenslang in unserem
    Herzen für geliebte Menschen spüren.

* Arthur Schopenhauer

Dichten

Neben Neugierde ist Wissbegierde eine Eigenschaft die
    mir gefällt
Angeblich war eines meiner ersten Worte WARUM
Von all den Fragen dieser Welt
ist Warum ein Therapeutikum

Die Wissbegierde
Die Neugierde

Sie gehört zu den Fragezeichen
die mich ein Leben lang begleiten
und auch dann nicht weichen
wenn in guten Zeiten
kluge Antworten eine Rolle spielen

Von all den vielen
Möglichkeiten bleibt auch nach einer Entscheidung oft
    die Frage
Warum fühlt sich Anerkennung wie Scheitern an
und warum bleiben auch Neugierige dann
wissbegierig wenn eine kluge Antwort die Wissbegierde
    nicht befriedigen kann

Dann erfindet sie Geschichten
"Ohne Geschichten wären alle Religionen nur dumpfe
     Predigten,
es ist immer eine Geschichte, die uns überzeugt", sagt
     Alberto Manguel

Und so kommt der Neugierige zum Dichten.

Unersättlich

Ich widme mich meiner Lieblingskunst
Ein Leben lang war sie Begleiterin in schweren Zeiten
Immer wieder ist es wie Schicksals-Gunst
Neugierde und Lust auf Fragwürdigkeiten
Antworten zu finden
die neue Wissbegierde entfachen
Kunst ist nicht zu überwinden
Sie ist unersättlich – gehört zur Lebensfreude wie lachen

Wer sie beherrscht wird lebenslang belohnt
Bleibt von Hunger und Langeweile verschont

"Das Lesen ist eine Kunst die niemals an ein Ende kommt!"*

* Alberto Manguel

Alltags-Phantasien

Alltagssprache ist mein Element
Die eignet sich nicht zum Dichten
meinen schlaue Ratgeber – nur ein Sprachspezialist kennt
Inhalt und Syntax von all den Berichten
der alten Märchenerzähler und Philosophen
die Dante schon kannte
bei unterschiedlichen Philosophien und Phantasien
die nicht weiterhelfen ohne die einfache Sprache der
    Alltagsphantasien "...die auf einer ganzen
    Bibliothek von Gelehrsamkeit errichtet ist", wie
    Alberto Manguel meint.

Wie erkläre ich das

Unser blauer Planet ist ein Juwel im Universum
Nicht jeder erkennt
dass um ihn herum
Millionen von fremden Welten existieren
Unser Bewusstsein ist beschränkt
Was wir nicht mit unseren Sinnen registrieren
erklären wir für nicht-existent

Zu einer allmächtigen Schöpfermacht aufzusehen
wäre hilfreich, die Unendlichkeit zu verstehen
Wer begreift schon, dass 150 Millionen Jahre nur
ein Wimpernschlag sind in der Evolution – in der Natur
und die Dinosaurier jetzt vielleicht auf einem anderen
    Planeten zuhause sind

Wie erkläre ich das meinem Enkelkind
ohne das Wort GOTT ins Spiel zu bringen, ohne zu
    resignieren
oder Nietzsche zu zitieren:
"Gott ist tot".

Zu verbinden

Jeder auf der Sinnsuche findet mindestens einen Grund
weiter zu suchen
und
verbindet Träume und Visionen mit seiner Vorstellung
    von Inhalt und Ziel
und ganz viel
Illusion

Immer schon
war diese Kombination
verbunden mit Eigensinn
laut Hesse eine Tugend
in der Jugend
im Alter pflegt man ihn Starrsinn zu nennen

Wie ich meine Freunde liebe, die sich dazu bekennen
Wenn sie damit ihren Lebenssinn finden
hat sich die Suche gelohnt – nicht jedem gelingt es mit
    Eigensinn Lebenssinn zu verbinden.

Kein Verbrechen

Wer schreibt der liest
und vermisst
sie nicht
die sogenannte Wirklichkeit, die nicht gefällt

Er nistet sich ein
in seiner Wort-Welt
Selbst eine Gefängniszelle kann ein Schreibzimmer sein
wie Albertine Sarrazin beweist:
„Schreiben heißt ausbrechen"
Und Ausbruch ist kein Verbrechen.

Auf den Wanderwegen

Alles Wertvolle entdeckt man erst im Verlust
Auch wenn diese Erkenntnis nicht neu ist
wird sie mir gerade wieder bewusst
Plötzlich am Meer habe ich schmerzlich vermisst

nicht mehr über Felsenklippen klettern zu können
auf der Hut vor steigenden Wanderwegen zu sein
Zukunft nicht mehr Lebensdauer zu nennen
"Leben heißt sterben, denn wir haben in unserem
Leben nicht einen Tag mehr, der nicht ein Tag weniger wäre"
    meint Fernando Pessoa

Pessoa zu lesen schließt Melancholie-Bedürfnis ein
Das "Buch der Unruhe" kann ich zur Seite legen
Doch Pessoas Gedanken begleiten mich auf den
    Wanderwegen.

Ein untadeliger Mann

Die Fähigkeit rhetorisch begabt zu sein aber keine Gefühle
    preiszugeben
nennt Jane Gardam "Emotionalen Analphabetismus"

Wer kennt sie nicht
die emotionalen Analphabeten
Als kluge Rhetoriker ist es ihre Pflicht
sich selbst zu überlisten

Gefühle verbalisiert Mann nicht
Daher ist man ein "Untadeliger Mann"
der hervorragend Ehekrisen und Politik machen kann.

Lauf nicht

Auf der Trostsuche begegne ich vielen Dichtern
Sie alle waren Suchende
angelockt von Lichtern
die am Ende
nicht trösten – einen Trost bei Tod den gibt es nicht

Doch schon ein kleines Gedicht
ist wie Kerzenlicht
droht bei Sturm zu erlöschen und verbreitet gleichzeitig
    Zuversicht
"Lauf nicht, geh langsam
Du musst nur auf dich zugehen".*

* Juan Ramon Jimenez

Im Schlaf

Als Zitatenliebhaberin
gehen mir viele nicht mehr aus der Sinn

Dann möchte ich auch einmal so eine kluge Zitaten-
    verfasserin sein
Stattdessen fallen mir nur Reime ein

Heute Nacht reimte ich im Traum
Die Wahrscheinlichkeit träumend ein Zitat zu verfassen
    besteht kaum

Da ich nicht zu den Auserwählten zähle – die sind
    gehorsam und brav
gehöre ich auch nicht zu jenen: "Den Seinen gibts der
    Herr im Schlaf".

Spielverderberin

Wenn mich ein Kanon aus der Kinderzeit
in die Traumwelt begleitet
ist die Furcht himmelweit
entfernt – ein Kindervers verbreitet
Wohlbehagen
im Kanon mitzusingen
heißt keinen Alleingang wagen

Immer wieder wird es gelingen
"Froh zu sein bedarf es wenig
und wer froh ist ist ein König"

Für meine Enkelin
bin ich keine Spielverderberin.

Zeitspiel

Gedichte ziehen mich magisch an
Ich überlasse mich ihrem Bann

Ergebe mich ihrem Rhythmus
Ich muss

einfach täglich ihren Zauber spüren
lasse mich von Worten verführen

Sie begleiten mich durch den Tag
"Ich trinke meine Augenblicke
weiß nur
es ist das Zeitspiel
Aufundab".[*]

[*] Rose Ausländer

Allein

Zu den Mut-Machenden gehört er nicht
auch nicht zu den Tröstenden
Paul Celan – und doch gehört er zu denen
die immer wieder auftauchen im Scheinwerfer des
Dämmerlichts
Jenseits meiner Wirklichkeit fesseln sie mich mit
ihrer Sehnsucht:
Einsam – allein
"Für niemand und nichts stehn
unerkannt
für dich allein"

Wirklichkeit ist kein Zustand
Sie will gewonnen sein
Auf allen Ebenen findet ein Suchender einen
Mitwisser und ist nicht allein.

Mitten drin

Eine Selbstbegegnung im Traum
Wie, das bin ich?
So kenne ich mich kaum
– mit dieser Freude dazu zu gehören

Doch ich bin mitten drin in einem Gedicht:
"... und ich werde sagen hören: Wer ist denn die da
die gerade vorübergeht? Und irgendeine Stimme wird
    antworten:
Damals, in ihren guten Jahren machte sie Verse, ist schon
    lange her..."*

* Alfonsina Storni

207

Begegnung mit sich selbst

Viele Umstände führen zu nicht-gelingen
Die Gründe dafür nur bei sich selbst zu suchen
ist neben Selbstüberschätzung vor allen Dingen
Fehlendes Nach-Ursachen-Suchen

Zu wenig fragen
zu viel klagen
zu wenig Vertrauen
zu viel Nach-der-Meinung-anderer schauen

Erst im letzten Lebensdrittel
entdeckte ich die Mittel
mehr oder weniger mit mir selbst im Reinen zu sein
nicht allein

"Gedichte sind der kürzeste Weg von Mensch zu Mensch –
zunächst einmal die Begegnung mit sich selbst".*

* Hilde Dom

Sonnenuntergang

Wenn über Siesta der Abendhimmel glüht
Sich sekundenschnell verwandelt in bizarre einzelne Bilder
Ein Wolkenmonster nach dem anderen auf mich
    heruntersieht
Je länger, je wilder

Verharre ich reglos unter meiner Lieblingspinie am Strand
gebannt
Ich könnte eines der beliebten Fotos machen
Das ginge zu schnell, wäre im Nu vorbei
Festhalten möchte ich diesen Anblick in unzähligen Worten
    und Bildersprachen
und dann begnüge ich mich doch nur mit einer kleinen
    Abendschweigerei
"Ein Bild ins Wort bannen" wie Morgenstern das nennt,
    gelingt mir nicht
aber ein ganz kleines Gedicht
ein Reim
den ich im Gedächtnis anschauen kann
länger als einen Sonnenuntergang.

Bei-Spiel

Große Melancholiker die sich für Unsinn entscheiden
    gefallen mir
An Tagen wie heute lasse ich mich wieder einmal von
    Morgenstern begleiten
Trete nicht vor die *casita*-Tür
bevor ich mir nicht ein Gedicht von ihm ins Gedächtnis
    rufe

und versuche
mich von seinen Spielereien inspirieren
zu lassen
mich mit Unsinn zu befassen
Trübsinn lässt sich von Unsinn zu Frohsinn verführen
"Der Werwolf" ist ein grandioses Bei-Spiel bei diesem
    Morgenstern-Spiel.

Aus Katzensicht

Seitdem meine Menschenfreundin beschlossen hat
mich reimen zu lassen
hat sie ihr lyrisches Tagebuch zugeklappt
Ich würde mich zwar mit ähnlichem Unsinn
befassen
meint sie
aber das Neue Jahr mit Katzenaugen zu betrachten
dazu gehöre vielleicht mehr Phantasie
seitdem nicht nur Tierliebhaber wissen:
Wir haben die gleichen Gefühle wie sie
Wir empfinden Freude, Schmerz, Sehnsucht und Liebe
Das alles nennen die Menschen bei uns Instinkt
Ihre eigenen Triebe
verstecken sie hinter Sprache
Auch so eine Sache
auf die sie stolz sind
deren Macht sie erliegen
Aber können sie fliegen?
Oder ohne komplizierte Instrumente und Maschinen
    andere Erdteile erreichen?
Im Dunkeln sehen oder ohne Vorwarnung einer Gefahr
    ausweichen?

Warum viele Menschen ausgerechnet uns Katzen lieben
    ist wie Rätselraten
Ich werde versuchen es herauszufinden und beschäftige
    mich erst einmal mit Zitaten
Und wenn sie uns betreffen weist das auf zunehmende
    Hochachtung hin, die die alten Ägypter schon hatten

"In frühen Zeiten wurden Katzen als Götter verehrt,
    das haben sie nicht vergessen" (Terry Pratchett)
Mir, Rojo, genügt es schon gleichberechtigt dazu zu
    gehören und bei schmackhaften Mahlzeiten mitzuessen.

Ein Leben lang

Die wunderschönsten Kinkerlitzchen schickt mir meine
    Lebensfreundin Irenen von Zeit zu Zeit
Neben Kettchen, Lebkuchenherzen mit Sprüchen und
    Gedichten
immer auch Bücher von denen sie weiß:
Die sind für mich wie Zärtlichkeiten
Unverzichtbar
Vor allem auch in der Nacht da

Dieses Mal erfreute sie mich mit Seneca
dessen Aphorismen uns ein Leben lang gefielen:
"...Leben muss man ein ganzes Leben lang lernen..."
ist eines von vielen.

213

Dieser Schimmer

Früh am ersten Weihnachtsfeiertag
taucht gleißendes Mondlicht die Welt in eine
    Märchenlandschaft

Immer noch ist dieser Heilig-Abendschimmer von
    Dankbarkeit und Glück spürbar
verbunden mit Zuversicht und der Gewissheit:

„Nichts wird wohl das Herz in gleicher Weise ergötzen
wie die Freundschaft wenn sie aufrichtig und innig ist..."*

* Seneca

Grollen

Statt Trübsinn Frohsinn

Schuld daran ist offenbar Unsinn

Eine Zitatensammlung als Weihnachtsgruß schickte mir
    eine Freundin

Die müssen verdichtet werden

Zumal einige an unsere unvergessliche 68er-Zeit erinnern

– ohne Beschwerden –

Mit denen ein halbes Jahrhundert später manche noch
    grollen:

"Mama, müssen wir heute wieder machen was wir wollen?"[*]

* Anonymes Kinderladen-Lied

Silvester

Ein Vorsatz ist wie ein Rückblick
auf ein Jahr:
"Alles Schöne im Leben hat einen Haken
es ist unmoralisch, illegal oder es macht dick" *
Prosit Neujahr!

* Mae West

Kater Rojo

Meine Menschenfreundin liebt Tiergeschichten
Am liebsten die von oder über Katzen
Katzenliebhaber dürfen auch drastisch sein
Charles Bukowski gehört nicht zu ihren Favoriten
aber sein vulgärer Spruch gefällt ihr:
"Im nächsten Leben will ich ein Kater sein
zwanzig Stunden am Tag schlafen und mich dann
füttern lassen, rumsitzen und mir den Arsch lecken".

Wie wir sind

Wenn mir ein Zitat begegnet das mir gefällt
will ich es festhalten
Es mit Hilfe eines Reims einfangen
Mit mir herumtragen
Mich fragen:
Hilft es mir meine Umwelt und mich besser zu verstehen
und mit Anais Nin einzusehen:
"We don't see things as they are
we see things as we are".

Ein Star

Reimtage sind Festtage
auf *mañana*[*] werden alle Besorgungen verschoben
In der Schreibecke mit den Katzen habe
ich mich eingenistet – fühle mich aufgehoben

und warte auf Eingebungen
Doch auch denen ist es gelungen
sich auszuruhen – kein Reim lässt sich erzwingen
Nur wenn er daherkommt wie eine schnurrende Katze
    kann er gelingen

Eine gute Gelegenheit Geduld zu üben
und mich mit Zitaten zu begnügen

"Nichtstun ist die allerschwierigste Beschäftigung und
    zugleich
diejenige, die am meisten Geist voraussetzt" meint
    Oscar Wilde
der nicht für Bescheidenheit bekannt war
Aber als Geschichtenerzähler war er ein Star.

[*] Span. für morgen

Nur deswegen

Biographien sind die spannendsten Geschichten
Keiner hat die Phantasie sie so zu erfinden
Umschnurrt von den Katzen und umgeben von Gedichten
sitze ich in der *casita* und sehe durch die Terrassentür
am Himmel die Sterne blinken

Um Mark Twains "Geheime Autobiografie" aus der Hand
zu legen
muss schon ein himmlisches Glitzern ablenken
Er liebte Sterne und nur deswegen
fällt es mir leicht ihn zu verstehen und wie er zu denken:
"Irgendwann erfindet jeder Mensch eine Geschichte,
die er dann sein Leben nennt".

Wunderglaube

Auch wenn sich über Leiden spektakulärer berichten lässt
halte ich an Beschreibungen von Glücksmomenten fest

Aus Mangel an Glücks-Beschreibungs-Zitaten versuche
    ich mir zu beweisen:
Nur die eine Hälfte ist Unglück
die andere besteht aus Wundern, aus Glück
Fernando Pessoa war nur mit der ersten Hälfte vertraut
Die Glückshälfte hatte ihm die Sucht geraubt
"Leben heißt Sterben, denn wir haben in unserem Leben
nicht einen Tag mehr, der nicht ein Tag weniger wär..."

Vielleicht war er nicht klug genug um auch glücklich-
    sein zu können
Nur das Leiden konnte er beim Namen nennen
ohne sich einzugestehen:
Das Leben ist wie das Universum, ein Wunder
Auch wer nicht an Wunder glaubt kann es sehen.

Heilsam

Ob ich mich heute für ein Rendezvous mit einem Buch
    oder einem Menschen entscheide
steht noch nicht fest
Im Zweifelsfall treffe ich beide
Und den Rest
der Zeit verbringe ich mit einem Zitat
mit dem Rat:
"Überlege wohl, bevor du dich der Einsamkeit ergibst
ob du auch für dich selbst ein heilsamer Umsang bist".

[*] Maria von Eber-Eschenbach

Hand in Hand

"Träumereien eines einsamen Spaziergängers"*
werden heute Meditation genannt
Schon vor zweihundert Jahren halfen sie bei der Suche
    nach Gelassenheit
Gehen Hand in Hand
mit Vertrauen in die Lebenskraft
und der damit verbundenen Dankbarkeit
die immer wieder Glücksmomente schafft
"Die Quelle des wahren Glücks liegt in uns selber und
keine Macht der Welt vermag es, jemand elend zu machen,
    der
glücklich sein will".

* Jean Jaques Rousseau

Ja

Ein grünes Herz schenkte mir heute jemand in Sta. Eulalia
*"es un símbolo de nuestro amor y respeto por el Planeta
Tierra"* *, sagte sie
Ich klebte es auf die Windschutzscheibe, täglich sag ich: Ja
Auch Plastikreste am Strand zu sammeln trägt dazu bei
Ein kleines Mädchen half mir und sang fröhlich dabei.

* Ein Symbol für unsere Liebe und Respekt für den Planeten Erde

Zum Lachen

Wenn mir Zitate wie Menschen begegnen
beschäftige ich mich mit ihnen, bin neugierig, was sie
    zu sagen haben
Die, die mir gefallen helfen, holprige und dunkle Wege
    zu ebnen
Nach interessanten Umwegen zu fragen
die zu noch unbekannten Regionen führen

Umdenken voraussetzen
Lust am Ausprobieren nicht verlieren
Sich widersetzen
Unsinn machen
"Eines Tages will ich über mein Leben sagen können:
    Es war nicht
langweilig. Und vieles davon bringt mich zum Lachen".*

* Kiefer Sutherland

225

Wie du sie siehst

Wenn der Vor- oder Rat-Schlagende ein Dichter ist und
    mir gefällt
beschäftige ich mich mit ihm – so sieht er sich und die Welt
Nicht nur aus einer anderen Perspektive und Zeit in der
    Ratschläge noch keine Schläge waren
und auf-sich-zugehen kein Egoismus sondern Flucht
    aus Gefahren

"Lauf nicht, geh langsam, du musst nur auf dich zugehen"*

Sag mir, welcher Dichter dir gefällt
und ich sage dir, wie du sie siehst – die Welt.

* Juan Ramón Jiménez

226

Sinn

Zwischen Selbstzweifel und Selbstvertrauen
liegt ein weites Feld
Es täglich zu durchwandern und nach Wegweisern zu
  schauen
hält
zwar davon ab festzustellen: Hier ist mein Standpunkt,
  auf dem ruhe ich mich aus
in meinem kleinen Waldhaus

Doch seitdem ich auf dem Mittelfeld angelangt bin
machen Selbstvertrauen-Wege Sinn
Auch wenn Alexander Kluge meint:
"In Gefahr und großer Not ist der Mittelweg der Tod".

Anfang

Nach einem Angsttraum in der harmlosen Wirklichkeit
    aufzuwachen
Eine Halluzination?
Wenn mitten in der Natur Licht und Duft Frühlingsgefühle
    verursachen
Eine Gegenreaktion?

Was immer der Tag bringen mag
Ich begrüße den Anfang
und beschließe
für heute: Müßiggang
Der, sagt Nietzsche, ist aller Psychologie Anfang.

Ambivalenz

"Es ist Unsinn sagt die Vernunft
Es ist nichts als Schmerz sagt die Angst
Es ist leichtsinnig sagt die Vorsicht
Es ist unmöglich, sagt die Erfahrung
Es ist was es ist, sagt die Liebe" *

Modifikation:
Es macht Sinn sagt die Vernunft
Es ist nichts als Vertrauen sagt die Angst
Es ist Frohsinn sagt die Vorsicht
Es ist möglich sagt die Erwartung
Es ist was es es ist sagt die Freundschaft.

* Erich Fried

229

Trennen

Wenn die erste Liebe ein Leben lang gegenwärtig ist
in guten und in schlechten Zeiten
meint das Schicksal es gut mit den Liebenden und dem
    Liebesanfang
Und so wird es bleiben

Zu lebenslangen Lieben gehören zwei
Und keiner kann das Band durchtrennen
"Ich erwarte nichts
ich fürchte nichts, ich bin frei" *
Zu Lebenslieben und Lebensmut muss man sich nur
    bekennen.

* Nikos Kazantzakis

Immer wieder

Zitate die gefallen sind wie Wegweiser auf den
    Lebenspfaden
Auch diejenigen, die keine Vorliebe für Hinweisschilder
    haben
nehmen sie zur Kenntnis
bewahren sie vor Schaden

Manchmal sind sie ein Ärgernis
Oder der Anfang einer Geschichte
Haben eigene Erfahrungen auf den Punkt gebracht
Sind Gedankenspiel-
Gedichte
Bestandteile von intensiv Erlebtem für denjenigen der
    immer wieder weint und lacht.

Gunst

Wenn das Schicksal uns zwingt allein zu leben
werden wir nachsichtiger mit uns
Nach der Anerkennung des Partners zu streben
seiner Zustimmung, seiner Gunst
ist durch seinen Tod entfallen

Wem willst du gefallen?
fragst du dich
Und manchmal: Wer ist dir der liebste Mensch von allen
Und: Akzeptiert er mich?

So wie ich bin
Mit all den Ecken und Kanten
Dem Eigensinn
unter dem er litt, ihn trotzdem Charakter nannte

Wenn durch einen Schicksalsschlag eine neue Begegnung
    mit dir selbst entsteht
Wird aus dem Schlag eine Gunst
Vielleicht sogar eine Kunst?
"Das Gedicht ist zunächst einmal die Begegnung mit sich
selbst".*

* Hilde Domin

Geteiltes Glück

Wenn uns wieder einmal der Zufall zufällig zufällt
Uns ein nicht erwartetes Gelingen beschert
ist unsere kleine Welt
erfüllt von Staunen – selbst eine ständig Klagende ist
     liebenswert

Die Kunst das, was zufällt, auch anderen zu offenbaren
     ist erlernbar
Um Klagende machen Glückszufälle einen großen Bogen
Sie sind meist unbelehrbar
Ihnen fehlt der Glaube: Glück und Zufall sind auch mir
     gewogen
und klagen lieber statt zu erfahren: Auch Glück verweilt
"Es ist das Einzige was sich verdoppelt
wenn man es teilt".*

* Albert Schweitzer

Das Meer

Wieder einmal begegnet mir
Auf der Fahrt zum Meer
nein – kein Tier
nur ein Gedanke der mehr
Bedeutung erhält während ich fahre
denn ich kenne den Weg wie im Traum
Das Ziel ist Meer – der schönste Tagesabschluss – und
    ich erfahre
jedes Mal einen Einblick in einen Lebensraum
der mich staunen lässt
wie zum Beispiel eine unerwartete Begegnung bei
    einem Fest

So stelle ich mir den Tod vor
wie das Meer – eine Naturgewalt
gleichzeitig jung und alt
"...eine Sache in Worte fassen heißt ihr die Kraft bewahren
und den Schrecken nehmen"*

* Fernando Pessoa

234

In den Lebenslabyrinthen

Pessimisten ziehen mich magisch an
Vor allen dann
wenn sie wie Fernando Pessoa ihren Trübsinn zelebrieren
Sich und der Welt demonstrieren:

So ist es das Leben, ein langer Leidensweg
und doch gibt es einen Beleg
für Hoffnungsschimmer
"Dichtung und Literatur sind Schmetterlinge"
klagt sein Protagonist, der Hilfsbuchhalter Soares in seinem
    einsamen Zimmer

Vielleicht sind Dichtung und Schmetterlinge doch auch
    für einen Pessimisten ausreichend, sein Leben
    zeitweise lebenswert zu finden
in den Lebenslabyrinthen.

Aus der Sicht einer Finca-Hockerin

Glücksfrist

In schweren Zeiten zu dichten fällt leicht
Ein jeder weiß man ist nicht zu beneiden
Vielleicht
ist Glück schwerer zu beschreiben
weil sie sprachlos macht
die Glücksmacht
und nur von kurzer Dauer ist
Die Zeit, sie mit Worten zu verschwenden
verkürzt die Glücks-Frist.

Einzusehen

Warum heisst es un-verhofft statt un-erhofft
Und warum ver-lieben und nicht er-lieben wir uns

Sprache ist wie ein Spielball und oft
verführt sie uns mit ihrer Kunst

wie ein Bild das zeigt was und wie wir fühlen
um gleichzeitig verstecken zu spielen

Schaut her – so sehe ich mich und die Welt
Wenn mein Blick dir gefällt

helfe ich dir, dich selbst, deine Vor- und An-Sichten
    besser zu verstehen
Im neugierigen Betrachten liegt die Bereitschaft hin-
    und einzusehen.

Höchstes Gut

Wer möchte nicht mutig sein
und ist doch immer wieder unmutig
bis ihn der Mutwille packt
und er sich sagt
Wenn nicht jetzt wann
dann

Dabei wäre Gleich-Mut erstrebenswert
Von all den Mutproben die das Leben lehrt
ist die unerfreulichste Hoch-Mut
dann doch lieber Wankel-Mut

Alles auszuprobieren nennen wir Lebens-Mut
Er schützt nicht vor Tod, ist aber unser höchstes Gut.

Fridays for Future

Wieder einmal wie vor fünfzig Jahren
hat die Jugend eine Vision
Fridays for future – die Etablierten staunen: das waren
einmal unsere angepassten Kinder
und unsere Illusion
Alles würde so weitergehen
die Ausbeutung der Natur
Bodenschätze-Raub, Tiere jagen und essen – Überfluss pur

Dieses Mal wollen die Protestierenden keine Blumenkinder
    sein
Sie sagen: Unser Leben, unsere Zukunft schließt das
    Wohlergehen er Umwelt und der Tiere ein
Daher demonstrieren wir
bis ihr
erkennt: Unser aller Leben schenkt uns nur die Natur
Daher: *Fridays for future.*

240

Verdrießen

Als Possibilist sitze ich wieder einmal in der Möglichkeitsfalle
Unentschlossenheit ist eine Plage
Alle
Eventualitäten locken - Klage kommt nicht infrage

Und so wandere ich durch Wald und Flur
ohne die Naturschönheiten zu genießen
Ich sage mir: Nur
noch heute schiebe ich die Entscheidung vor mir her und
lasse mich von meiner Unentschlossenheit verdrießen.

An klaglosen Tagen

Immer hilft schreiben
Wenn nur das lästige Mitteilungsbedürfnis nicht wäre
könnte ich mir stundenlang die Zeit vertreiben
Indem ich das Tagebuch nicht aus der Hand lege und
    mich über Gott und die Welt beschwere

Um mir am Ende des Tages zufrieden zu sagen:
Heute habe ich den verbalen Mitteilungszwang wieder
    einmal besiegt
Für diejenigen meiner Freunde die ebenfalls ins Tagebuch
    klagen
gibt
es dafür Anerkennung und freudigen Austausch an
    klaglosen Tagen.

Gönnen

Eine meiner liebsten Freundinnen gehört zu den Power-
    Frauen
Ihre jeweiligen Berufe hängt sie nach circa sieben Jahren
    an den Nagel sozusagen
ohne zu klagen
und strebt mit Elan
ein anderes Ziel an

Voraussetzung ist: Menschen sind im Spiel
Die unterhält sie mit viel
Phantasie und Gerichten
nach einer journalistischen Zeit mit vielen Geschichten

hat sie sich auf die Koch-Kunst spezialisiert
in ihren privaten Räumen
bietet sie ein köstliches Menü – oft improvisiert
spendet einen Teil der Einkünfte an die
die das Schicksal nicht so gut behandelt wie sie

Inzwischen ist die Gastronomie
beeindruckt aber auch ärgerlich auf sie
In ihrer Stadt heißt es neidisch

die
hat einfach zu viel Phantasie

Das Geheimnis besteht aus ihrer Kombination:
Phantasie, Energie und der Freude teilzunehmen
an dem Genuss von denen
die sich diesen Luxus gönnen

Ob in leichtsinnigen oder schwermütigen Zeiten,
    immer war sie für mich da
Meine Freundin Monika.

Ganz allein

Als Einzelspielerin ist das Lebensspiel
keinesfalls einfacher
Vielleicht überschaubarer
mit ganz viel
Freiheit zu improvisieren
Keine Rechtfertigungen
und keine Erklärungen
Bei Fehlverhalten keine Angst den Partner zu verlieren

Wie alle Freiheit schließt es das Risiko ein
Entscheidungen nicht nur allein treffen zu müssen – nein
Auch ganz allein verantwortlich zu sein.

Zuhause zu sein

Als Flexitarierin habe ich wieder einmal mit Genuss
Huhn verspeist
und kam zu dem Schluss:
Ja, ich bin so dreist
Flexitarierin zu sein
esse von Zeit zu Zeit Tiere
trinke von Zeit zu Zeit Wein
Und genieße es von Zeit zu Zeit – mitten in der Natur
    auf dieser Welt zuhause zu sein.

Ruhekissen

Als Geschichtenerzählerin ist Vergangenheit mein Element
Wenn ich sie dann verdichte erkennt
jeder Gegenwartsspezialist
wie ausschlaggebend sie für die Zukunft ist

Auch die im Hier und Jetzt Ruhenden wissen:
Nur in der Dreifaltigkeit von Vergangenheit, Gegenwart
    und Zukunft gibt es ein
vorübergehendes sanftes Ruhekissen.

Überblick

Manchmal strecke ich der Zeit die Zunge raus:
Ich kann dich zwar nicht besiegen
aber immer wieder überfliegen
Dich von oben betrachtend schaue ich auf mein Holzhaus

Dort steht du hin und wieder still
Überlässt dich meinen Betrachtungsweisen
Nimmst mich mit auf deine Zeit-Reisen
wenn ich will

Und lässt mir die Illusion
von ganz viel Gegenwart
in deiner typischen Täuschungs-Art
Doch die kenne ich schon

und täusche zurück
vermeide den Spiegel-Blick
und verzichte auf weiteren Überblick.

Die Zuversicht

Auf dem Dreschplatz mit Aussicht
komme ich zu einer Einsicht
Sie ist besser als Nachsicht
Mit Umsicht ist sie wie Weitsicht
oft fehlen Vorsicht
und Voraussicht
Leider auch die Übersicht
Ganz zu schweigen von der Hellsicht
Ohne Absicht
komme ich dann zu der Ansicht:
Sie ist die größte von allen –
Die Zuversicht.

Bei Nacht und Nebel

Septembertage
an denen ich es wage
mein altes Haus Wintermietern zu überlassen
Die Insel zieht nach wie vor Lebenskünstler an
die sind solange gelassen
bis die Miete zu zahlen ist – dann denken sie daran
vielleicht doch lieber nach Thailand zu ziehen – überlassen
    mir ihre Katzen und hasten
bei Nacht und Nebel neuen Lebenszielen entgegen
manchmal weniger abgelegen
Dann treffe ich sie in der Bar neben dem Camping-Platz
lade sie zu einem *café con leche* ein und schenke ihnen
    ein Foto ihrer Katz.

Zu zweit

Ein Tag vor der Abreise in die erste Heimat
Wie immer möchte ich einfach nur hierbleiben
in der Natur bei meinen Tieren sein und schreiben
Keine Sehnsucht nach Stadt

Wie ein Abenteuer ist das Inselleben
Wenn die Touris die Insel verlassen
ist sie wieder von Naturwundern umgeben
Auf all den *caminos* und kleinen Gassen

treffe ich auf Insellebewesen
mit denen ich den Alltag teile
so als wäre es schon immer so gewesen
Das Wort EILE gibt es nicht mehr – mittlerweile

Sich bei der Abreise auf die Rückkehr zu freuen
ist das Zeichen
Ich werde sie nicht bereuen
die Entscheidung, ohne dich hier zu leben und meine
    kleine Welt nicht zu vergleichen
mit der Großstadt-Zeit

Ich durfte beides leben – allein und zu zweit
und bin doch himmelweit entfernt von Gelassenheit.

Sich selbst eine Freude machen

Für Wohlbefinden
gilt herauszufinden
– wer hätte das gedacht –
welches Befinden langfristig Freude macht

Manche finden heraus:
Ein köstlicher Schmaus
Immer wieder Köstlich-Schmausende stellen fest
Wieder damit aufzuhören ist ebenfalls ein Test

Was immer du zu deinem Wohlbehagen erklärst
erst beim Ausprobieren erfährst
du seinen Wohlgefühl-Effekt
bis du entdeckst:

Auch Ausprobieren kann zur Sucht führen
beinhaltet die Illusion einmal Festgehaltenes nicht mehr
    zu verlieren
Mit anderen Worten, sich selbst eine Freude machen
Kann eine Menge Anstrengungen entfachen.

Unterschiedliche Wahrnehmungen

Wenn in kürzester Zeit wieder einmal ein Gedicht
    entstanden ist
lehne ich mich zufrieden zurück
und denke: Du bist
ein Glückspilz – weiterhin Glück

Noch ein Gedicht, was willst du mehr
Später fällt mein Blick auf den Papierkorb – der war doch
    vorher noch leer.

Nur

Sich zwischen zwei Möglichkeiten entscheiden zu müssen
klingt nach Freiheit zu wählen
Doch auch Freiheits-Liebende wissen:
Das kann quälen

Glaubt man endlich eine Entscheidung getroffen zu haben
stellt man sie wieder infrage
Was wenn die andere doch besser gewesen wäre und
    sollte man nicht wagen
weiter zu fragen

Bis schließlich der mit zwei Möglichkeiten Beschenkte
    sich sagst:
Und jetzt ist es genug
Ich habe den Mut
und wer mutig ist wagt
ist stolz auf sich und vergisst
dass er nur wankelmütig ist.

Selbstverleugnung

Unsere Erfahrungs-Geschichten
verführen zum Dichten

Man nennt sie oft Autobiografie
Der Autobiograf vermischt Fakten und Phantasie

zu einer spannenden Mixtur
und manchmal weiß nicht nur

er selbst das eine von dem anderen zu unterscheiden
Den interessierten Leser fesseln beide Seiten

Das Leben schreibt die besten Geschichten
stellt er fest
ein guter Autor hat das Recht
– Voraussetzung ist Talent – sie immer wieder umzudichten

Ihm – dem Leser – bleibt
die Gelegenheit
festzustellen
in den meisten Fällen
stimmt es: Wer liest der schreibt

Die Kunst besteht darin, für sein Schreiben Leser zu finden
Voraussetzung ist nicht nur Begabung
Selbstdarstellung erfolgreich mit Lebensunterhalt zu
    verbinden
erfordert neben Geschick eine Menge Selbstverleugnung.

Immer schon

Der sogenannte freie Wille ist eine Illusion
Täglich ist das Schicksal im Spiel
Du kannst mich auch Gott nennen meint es vertraulich
Ich gebe dir so viel
Freiheit wie du meinst haben zu müssen
ein sanftes Ruhekissen
findest du in Träumen und die waren immer schon
Bestandteil der Illusion.

Immer

Die mit einem Stern versehenen Gedichte gefallen mir
Wieviele das sind verrate ich nicht
Manchmal gefallen gerade sie auch dir
Dann werden sie zu einem Strauß Vergissmeinnicht

Als Kind schenkte ich sie Mama
Oder schmückte damit den Marien-Altar
Ob sie der Mutter Gottes oder Mama gefielen erfuhr ich nie
Es gab einfach zu viele von ihnen
Für mich gibt es niemals genug Poesie

Dass Gedichte blau sind erkannte ich schon früh
Sie zu einem Strauß zu binden traute ich mich nie
Heute traue ich mich weil ich weiß: Ein blauer Gedicht-
    mein-nicht-Strauß
gefällt immer
einem eigenwilligen Frauenzimmer.

Nicht aus dem Sinn

Nicht nur bei anderen lieben wir was uns fehlt
ganz generell zählt

das was wir an uns vermissen doppelt – ist erstrebenswert
eigene Stärken sind oft keinen Pfifferling wert

In melancholischen Zeiten
bemerken wir nur die Seiten

die uns ganz und gar nicht froh machen
lachen

und wie früher auch noch laut – beanstandet von einer
    Freundin
kommt mir dann kaum noch in den Sinn

Vielleicht geht mir daher das Wort FROHSINN nicht
    aus dem Sinn.

Es sei denn

Auch wenn es mir nicht unbedingt
gelingt
im Tagebuch zu versifizieren
was nicht funktioniert, setzt Ausprobieren
Neugierde voraus
tagein, tagaus

Wer meint, alltägliche Neugierde immer wieder
aufzuschreiben
neige zum Übertreiben
hat natürlich recht und bleibt
lieber bei täglicher Gleichgültigkeit

Tagebücher bestehen im allgemeinen aus Lamentationen
Wenn ich sie in Reimen verstecke stelle ich fest: viele
Alltagssituationen
sind nicht nur kurios
sondern auch erfreulicher als tatenlos
zu lamentieren – Klagende sind von einem Reim selten
entzückt
Es sei denn, er gibt Anlass zu einem Konflikt.

Kein Wegweiser

Wenn er zeitweise seinen Schimmer verliert und zu
    verblassen droht
hat das weniger mit der fehlenden Leuchtkraft zu tun
eher mit dem Wunsch, manchmal auszuruhn

Doch er will sich durchziehen bis zum Tod
Auf immer wieder nicht vorherzusehenden Pfaden:

Er, der sich durch unser Leben zieht, der sogenannte rote
    Faden.

261

Nie verliebt

Sympathie auf den ersten Blick
Wie in der Liebe – ein Trick

der Natur
und nicht nur

bei uns Menschen beliebt
es gibt

ihn, Instinkt genannt, bei allen Tieren
Ein gegenseitiges Verführen

Warum gerade DER oder DIE
und woher kommt die Energie?

Sind alle Lebewesen von ihr beseelt
und fehlt

sie nur denen
die meinen sich niemals nach Miteinander zu sehnen

Wer glaubt, dass es sie nur auf Erden gibt
hat sich nie in den Kosmos des anderen verliebt.

Nicht erfüllen

Erwartungen sind eine Gefahr
Unerwartet und doch wunderbar

Wir meinen sie zu vermeiden
erspare uns Leiden

In Wirklichkeit gehören sie dazu wie ein Hoffnungs-
    schimmer
der uns immer

begleitet – Tages-Magie
Nur Weise verzichten auf sie.

Zu verbinden

Jeder auf der Sinnsuche findet mindestens einen Grund
weiter zu suchen
und
verbindet
Träume und Visionen mit seiner Vorstellung von Inhalt,
    Ziel
und ganz viel
Illusion
Immer schon
war diese Kombination
verbunden mit Eigensinn

In der Jugend
im Alter pflegt man ihn Starrsinn zu nennen
Wie ich meine Freunde liebe, die sich dazu bekennen
Wenn sie damit ihren Lebenssinn finden
hat sich die Suche gelohnt – nicht jedem gelingt es mit
    Eigensinn Lebenssinn zu verbinden.

Dauer-Glücklich-Sein

Heute verbiete ich mir die Tagesdosis Melancholie
Ich kann sie – noch – durch Schreiben vertreiben
Der Vergangenheit zuzuhören erfordert weniger Energie
als Trübsinn zu vermeiden

Träume lassen sich nicht verbieten
Sie führen ein Eigen-Dasein
Schenken grenzenlose Freiheit und die Kunst zu fliegen
Doch kein Dauer-Glücklich-Sein.

Keiner ist sich selbst ganz fremd

Jeder weiß, mit diesem Ich
werde ich mich
anfreunden müssen
Kein Wissen
wird mich davon befreien
fremde und eigene Schuld zu verzeihen

Wenn dir das Schicksal ein Hilfsmittel schenkt, gehörst du
     zu denen
die sich trauen, sich selbst erkennen
zu lernen
ohne sich von dem Prinzip Hoffnung zu entfernen.

Mehr als Protest

Glücksmomente im Alltag sind mit Poesie verbunden
lassen sich nur festhalten in Glücks-Augenblicken, nicht
   in Stunden

Wenn täglich ein Glücksmoment meint: Halte mich fest
ist das mehr als Protest.

Lügengeschichten

Sich selbst zu erkennen ist ein zu hoher Anspruch – für mich
Zu viele gescheiterte Versuche erinnern an dich

Um nicht mit mir selbst im Zwiespalt zu liegen
Gestatte ich mir kleine Lügen

Die verstecke ich in Gedichten
Meine Lieben kennen die Lügengeschichten

und lieben mich wie ich bin
eine im Pinienwald lebende Sinn-Sucherin

Eine alte Freundin hadert mit mir, sie
findet ich wiederhole zu oft: Ich bin die, die ich bin.

Wortmalerei

Eine Malerei ist kein ernst zu nehmendes Bild
Eher eine Spielerei
Ob man mit Worten oder Farben spielt
Ausprobieren macht frei

Auch zur Liebe gehört Liebelei
Am Anfang oder Ende ist immer das Ei
Es will befruchtet sein
Dann erst beginnt das Ausbrüten, allein
in einem geschützten Heim
ist für eine Wortmalerin
eine ideale Voraussetzung auf der Suche nach dem Sinn

Materieller Gewinn
bietet das Ei nur dann
wenn man es nach dem Ausbrüten noch an den Mann
    oder die Frau bringen kann

Der damit verbundene Ruhm
ist fast immer posthum.

Wagen

Und dann kam der Glücksaugenblick
und sagte: hier bin ich
Wirf keinen Blick zurück
Hier und in diesem Moment beglücke ich dich

Festhalten ist alles was ich will
wenn ich es gut mit mir meine höre ich mich sagen:
Bleib ganz still
Du weißt: Glück muss man wagen.

Sammelleidenschaft

Eine Schatzkiste ist das Gedächtnis
Manchmal tauchen kuriose Fundstücke auf
Und ich frage mich
Wie und warum gerieten sie in die Kiste
In den Lebenslauf
Wenn ich das wüsste
müsste
ich keine Geschichten daraus machen

Ich könnte getrost über die Sammelleidenschaft lachen
Oder mich an ihr erfreuen
Je nachdem ob ich mich zu ihr bekenne
oder meine, ich müsste sie bereuen

Ich habe mich für das Bekennen entschieden
es macht nicht unbedingt zufrieden
erfreut aber andere Sammler die Geschichten lieben.

271

Wegwerf-Verbot

Schon früh gab es ein unausgesprochenes Verbot
Jeder beherzigte es – zu allen Zeiten:
Eines darf niemals weggeworfen werden und das ist Brot
Zu viele hungrige Mäuler auf einem Bauernhof hielten es
    für Kostbarkeiten

Backtage wurden ausgelost – im voraus
Unter den Tischen auf denen die Brote geformt wurden
    spielten wir
Immer war es warm und roch gut im Dorfbackhaus
Und das erste Frischgebackene aßen wir gleich hier

Ein Leben lang halte ich mich an das Wegwerfverbot
Ich habe es ausgedehnt auf Buch, dulde keinen
    Widerspruch
In diesem Fall ist es nicht der Hunger, der droht
Es ist der tägliche Genuss den es mir ein Leben lang beschert:
    das Buch und das Brot.

Wegbereiter

So wie es einen Hexenschuss, eine plötzliche schmerzliche
    Wahrnehmung gibt
Gibt es auch einen plötzlichen freudvollen Hexen-Eindruck
Ein Hexen-Prinzip
Nicht voraussehbar – wie ein Spuk

Plötzlich ist er da
von einem auf den anderen Augenblick
nehmen wir wahr:
Glück oder Missgeschick

sind zu jeder Zeit unsere Begleiter
Und manchmal sind sie Wegbereiter.

Alltags-Spiele

Keine Erwartungen zu haben finde ich nicht erstrebenswert
Auch wenn sie nicht in Erfüllung gehen sind sie lebenswert

Mit Frohsinn und Zuversicht verbunden
bescheren sie Lebensbejahungsstunden

Loslassen und erwartungslos zu sein sind hohe Ziele
Aber lassen sie auch Raum für Zufallsspiele?

Verleiten

Jede Kunst ist – auch– Eigentherapie
Flucht in eine Phantasiewelt
Umwandlung von Energie
ein weites Feld

im Gegensatz zu dem engen Raum
in die Angst uns einsperrt
Und wäre nicht der Traum
der wie in einem Konzert

unser Bewusstsein in eine andere Wirklichkeit verführt
in die Visionen uns begleiten
Wer traumt wünscht, hofft und irrt
lässt sich zu Phantasien, Fiktionen – zu Kunst verleiten.

Zu schweben

Nach einem langen Gewitterregen räkeln sich alle Pflanzen
Sie glänzen und tanzen
im Morgenlicht
Nur einer der nicht
die Naturwunder sieht
ist beklagenswert

Wer den Schöpfer all dieser Wunder nicht ehrt
ist es nicht wert
teilzunehmen
Wie immer wir das Leben nennen

Wie an einem seidenen Faden zu hängen
ist unser Dasein wie das der Spinne – ein Meisterwerk
    an Überleben
Leben heißt in einem unübersehbaren Universum zu
    schweben.

Kombinieren

Gedanken handschriftlich sichtbar zu machen
sie anzuschauen, zu bezweifeln
mit wenig Wohlgefallen an Tatsachen
zu begreifen:
So dürfen sie ihr Eigenleben führen
am liebsten wenn Traumgeister noch auf ihrer nächtlichen
    Macht
bestehen und dazu verführen Traum und Gegenwart
    zu kombinieren.

Von Träumen

Manchmal wünsche ich mir beim Einschlafen einen Traum
Keinen Alptraum bitte ich im Dahingleiten
Doch dann
Versinke ich in einem Meer von Träumen – sie verbreiten
ihre eigene Wahrnehmung, dringen ein in geheimnisvolle
    Zonen

Lieben Gefahren und unbekannte Regionen
Zeigen aus der Vogelperspektive Sphären, in denen
    Monsterwesen wohnen
Erfinden eine neue Welt
Dann stelle ich beim Aufwachen fest, dass mir meine
    alte besser gefällt.

Ausprobiert

Jubilar bedeutet auf spanisch in Pension gehen
Wer von uns will erst im Alter jubilieren
von einem bedingungslosen Grundeinkommen einmal
    abgesehen
und dem Vergnügen auszuprobieren

wozu vorher Zeit und Mut fehlten
Wer traut sich schon nur das zu tun, was ihm gefällt
wenn man ihm Geschichten erzählt
die nur selten als unegoistisch gelten

Als Yaya zu dichten ist im Zweifelsfall
ein kurioser Einfall
eher wunderlich
Nur manchmal gibt es ein Zusammenspiel
Dann wird Yaya für die Enkelin ein Lebensziel
auf das man nicht warten muss bis man jubiliert
weil man es ein halbes Jahrhundert früher schon ausprobiert.

Wenn du überzeugt bist

Sobald dich dein Interesse vehement
auf einen bestimmten Schwerpunkt lenkt

hängst du fest
und lässt

erst wieder los
rigoros

wenn du davon überzeugt bist
dass loslassen kein strapaziertes Modewort ist

sondern für diejenigen eine Möglichkeit
denen keine andere Perspektive bleibt.

Höchstes Gut

Aus der Not eine Tugend
entsteht eher im Alter als in der Jugend

Tugenden aus Nöten
sind wie Wunscherfüllungen nach Gebeten

Sie stellen sich dann ein wenn ein gnädiger Gott
dir sagt: Auch ohne Tugenden findest du heraus aus der Not

Neben Mut
ist Liebe dein höchstes Gut.

Verbunden zu sein

Wenn am Anfang das Wort war
war es seit Beginn der Menschwerdung da

Begleitete uns auf allen Lebenswegen
Half – wie der christliche Segen

Unglück zu überwinden
Worte zu finden

die lindern
Ausweglosigkeit verhindern

Die unsere Lebenspremiere einmalig machen – eine
    Wiederholung gibt es nicht
Auch keinen Himmel, keine Hölle, kein Welt-Gericht

Aber das Wort, der Nachweis: Es gab uns einmal auf
    dieser Welt
so wie es Glücksmomente gibt für alle Lebewesen denen
    DASEIN gefällt

Das Wort "schreiben" bedeutet mit sich und der Welt
allein und trotzdem verbunden zu sein.

Trostsuche

Erinnerungen sind keine Überfälle
Wir entscheiden uns an was wir uns erinnern wollen
und an was nicht
Machen sie zu unseren Verbündeten, die uns helfen,
    wie ein Gedicht

Vor allem wenn auf der Trostsuche Hilfe unerreichbar
    zu sein scheint
ist Erinnerung eine heilende Kraft die vereint

Sie vergegenwärtigt Vergangenheit und manchmal meint
    sie in Reimen:
Jetzt, in diesem Augenblick, bist du mit dir im Reinen
Bist einverstanden mit dir: Ich bin die die ich bin
mit meinem unzuverlässigen Gedächtnis – eine zuverlässige
    Sinnsucherin.

Meiden

Sprache ist wie die Natur – zu jeder Zeit
gleichzeitig im Wandel und anpassungsbereit

Auch in schweren Zeiten verleiten
ihre Eigenheiten

dazu, sich mit ihrer Hilfe einzunisten
Melancholie-Überfällen auszuweichen, sie zu überlisten

Zu jeder Tages- und Nachtzeit bei ihnen Zuflucht zu suchen
    – für eine ganz Weile
Jede Zeile

kann, wie ein Blick über das Meer, Selbstzweifel therapieren
Und schützt vor dem Lamentieren

und beizeiten
Klagende zu meiden.

Autobiografie

Unser Leben ist eine Geschichtensammlung
Wenn uns eine nicht gefällt, versuchen wir sie
    umzuschreiben

Autobiografie nennt das der Protagonist
Er war immer schon
ein Geschichtenerzähler und ist
nicht interessiert an einer Dokumentation

Seine Begleiterinnen sind Gedächtnis und Phantasie
Ohne sie
gelingt keine lesenswerte Autobiografie.

Ohnmacht

Fragwürdig und wunderbar ist alles Leben
Uns Menschen soll es erst seit dreihunderttausend Jahren
    geben
auf diesem Planeten

Jeder, der in den Sternenhimmel schaut sieht, es gibt sie
    die höhere Macht
Sie Gott zu nennen
heißt sie anzuerkennen
und unsere vermeintliche Macht Ohnmacht zu nennen.

Einverstanden

Worte als Freunde
Gedanken als Feinde

Oder umgekehrt
Alle Variationen sind es wert

ausprobiert zu werden
Lamentationen und Beschwerden

sind Teil des Ganzen
Manchmal hilft Tanzen

Oder weit ins Meer hinausschwimmen
Oder einen Preis gewinnen

Was immer er bringen mag
der Tag

Ich begrüße ihn
und bin einverstanden mit ihm.

Kein Land in Sicht

Sich verlieben ist wie schwimmen
Man verlernt es nicht
In Übung zu bleiben und immer wieder trotz Gefahr
    zu beginnen
verspricht

Wohlgefühl, Hochgefühl
hineinstürzen in Fluten, in Wellen
Sich forttragen lassen ohne Ziel
ohne Fragen zu stellen

Selbst dann nicht
wenn es aussieht als wäre kein Land in Sicht.

Verlangsamung

Wenn Ungeduld wieder einmal die Vorherrschaft
    übernimmt
sage ich geduldig und bestimmt:
Du bist eine Untugend
der Jugend

Verschone mich mit deiner Unerzogenheit
Ich nehme mir die Zeit
mit Bedacht die Situation zu beurteilen
ohne Hast zu verweilen

Und mich erst dann zu entscheiden
Schließlich blicke ich zurück auf lange Zeiten
der Ungeduld – mit fortschreitender Verlangsamung
die Jugendliche noch nicht kennen
und sie daher fälschlicherweise Altersweisheit nennen.

Dasein

Meine Lieblingsdichter begleiten mich
Wie die Katzen sind sie mir nah
Führen ihr Eigenleben, entziehen sich
und sind doch zuverlässig da

Sobald ich nach ihnen rufe
Trost und Beistand suche
mich an ihrer Gegenwart erfreue
keine Mühe scheue
sie einzufangen
um mit ihnen zu mehr Gelassenheit zu gelangen

Zu spüren
wie sie ein Gefühl von Dankbarkeit auslösen – von
    Zuhause-Sein
mit ihrem
DASEIN.

So ein Mann

Wenn der Seelenfreund kein Seelenfreund mehr ist
liegt der Körper mit der Seele im Zwist
Ich höre mir die Klagen einer Freundin an
So ein Mann
kann
nicht alle Erwartungen verstehen
und dann
muss er sich eingestehen:
Der Nachfolger ist solange der geeignete Mann
wie er das entstandene Vakuum ausfüllen kann.

Nicht

Ich wär gern jemand dem man noch zu Lebzeiten sagt:
Ich mag
deine Gedichte
sie erinnern mich ein wenig an meine eigene Geschichte
und die ist total unspektakulär
doch wär
sie nicht die die sie ist
gäb es mich nicht.

Befristen

Wenn eine Weile zehn Jahre dauert
lauert
hinter jedem Wort
ein Ort

Eine Deutungs-List
die hilfreich ist
beim Dichten
Wer will schon Phantasie befristen?

Ein jeder ist mit Selbstdarstellung beschäftigt
Sie ist nur so lange nicht lästig
wie nicht der Machtwille im Vordergrund steht
Der vergeht.

Wort-Paradies

Meine Vorliebe für Antiquitäten
hat sich verlagert – aus Mangel an Raum
Den Raum gibt es kaum noch, nur noch an Wänden
ist daher in Form von Bücherregalen zu verschwenden

Ich schaue nicht mehr nach Fundstücken in
    Antiquitätenläden
sondern eher nach Wort-Kuriositäten
die darauf warten, Liebhaberinnen
zu finden

Sie wieder ans Licht zu bringen aus ihrem Verließ
ist das reinste Vergnügen
Ein Sammelsurium – ein Wort-Paradies
Quellen, die nie versiegen
unerschöpflich für jene, die Sprach-Blüten lieben.

Nur eines ist gewiss

Auf dem Weg nach der Sinnsuche
begegnen mir viele Sinnsucher
Ich besuche
sie gelegentlich und versuche
teilzunehmen an ihrer Erkenntnis
und bin doch weit entfernt
von dem Glückserlebnis
nur eines ist gewiss:
Wer sucht der lernt.

Weihnachtskarten

So ein altmodischer Weihnachtsgruß flattert ins Haus
Und der moderne Empfänger denkt: Oh Graus
Ich brauche Papier, Briefmarken – muss man die nicht
    ablecken vor dem Auftragen?
und ein Kuvert
Wo nehme ich das ganz Zeug nur her

Es zu beschaffen kostet Zeit und Geld
Ich wette, die Karten-Schreiberin hat auch noch ein Telefon
    bei dem man umständlich eine Nummer wählt
Hoffnungslos altmodisch
Dabei ist zeitgemäße Kommunikation doch so bequem
Was meinen diese Altmodischen denn mit unpersönlich?

Nun ja, ein eigenhändig entworfenes schriftliches Kärtchen
    ist schon ganz originell
Aber eine mail ist eben mühelos, zeitsparend, schnell

Wer möchte schon ins letzte Jahrhundert zurück
Auch wenn es heißt Briefe-schreiben wäre so ein kleiner
    Ausdruck von Glück.

Überheblich-sein

Auf der langen Lebensreise begegnen wir Phänomenen
die zwar alltäglich sind uns aber immer wieder im Stillen
vor die Frage stellen:
Haben wir einen freien Willen?

Oder gibt es eine Höhere Macht
die all das schafft
was uns lebenslang begegnet
Ob es sonnig ist oder regnet

Wir haben nicht den geringsten Einfluss
und kommen trotzdem zu dem Schluss:
Wir allein
bestimmen unser Dasein
Ich nenne das überheblich-sein.

Lebensende

Selbstbetrug ist zwar Unfug
aber hilfreich – wer will sich schon ständig selbst
erkennen?
mit Recht und Fug
oder umgekehrt – alle Fehler beim Namen nennen?

Eine meiner liebsten Freundinnen hat diese Ansprüche
Sie hat so viele Talente
wie Widersprüche
Beides liebe ich an ihr – bis an mein Lebensende.

Ein Quäntchen

Mit dem Stift in der Hand erwarte ich meinen Lieblings-
zeitvertreib
Den Moment der meint: Und jetzt schreib
Manchmal dauert es eine Weile
Dann vertreibe ich mir die Zeit
mit Blicken in die Vergangenheit
Ich habe keine Eile

Denn in all den Jahren hat es sich herausgestellt:
Sie finden immer einen Zugang in meine Welt
die Geister, die ich rufe
wenn ich versuche
einen Ausweg zu finden
aus dem Schrecken, den ein Horrortraum hinterließ

Es war nur ein Traum – mit dem Stift kannst du ihn
überwinden
Er hilft dir seit Jahren aus Trübsal und Düsternis
Er allein schafft es nicht
Unerlässlich ist außerdem viel Papier und ein
Quäntchen Zuversicht.

Kompromisse

Widerspenstig bleiben
etwas verdeckter
weniger direkter
ist hilfreich bei Leiden
wirkt aber eher unbescheiden
und setzt Energie voraus für die Zugeständnisse
die zu machen sind, denn Kompromisse
sind Teil der Demokratie
ohne sie
bleibt die Weisheit des Alters ein Gerücht
wie das Jüngste Gericht.

Betrachten

Wenn das Tagebuch nicht nur Klagebuch sein will
bieten sich Verse an – die sind meist kürzer
Aufgrund längeren Nachdenkens weniger schrill
dafür aber düsterer

Es sei denn, der Worthandwerker beschließt:
Wenn du ehrlich bist
gibt es eine Menge guter Nachrichten
von den weniger guten lässt sich nur spektakulärer berichten

Einem Gutmenschen werden geheime egoistische Motive
    unterstellt
Ja, sieht der nicht all das Leid dieser Welt
Dieser Märchenerzähler – erst später liefert er wieder
    die beliebten Gräuelgeschichten

Ganz zufällig entstanden diese Verse an Weihnachten
Da darf man die Welt mit Gutmenschen-Augen betrachten.

Rück-Blick

Ein Vollmond der die Heilige Nacht erhellt
Wie leuchtend sein Licht durch die Äste des Mandelbaums
    auf den Platz vor Timmy's finca fällt
Wir genießen unser Beisammensein
Sitzen mit Freunden bei Kerzenschein vor dem warmen
    Kamin
Viele kleine Rituale und Geschenke – ein Hauch von
    Glücklich-Sein
Erzählen uns Geschichten die oft beginnen:
"Weißt du noch!" oder "So ein Blödsinn"
Miteinander sind wir ein Mosaik
zusammengesetzt aus gemeinsam verbrachten Festen
    und Zeiten
mit Rück-Blick statt Musik.

Schwer

Weil ich für meine Lieben immer schon eine Leseratte war
beglücken sie mich mit Autoren ihrer Wahl
Sie wissen, leere Regale gibt es keine mehr in der *casita*
Das ist ihnen egal

Seitdem es neben dem Wohnwagen ein kleines Bad
    mit vielen Borden gibt
das jeder, der mich besucht liebt
Sind Bestseller für lange Badaufenthalte verantwortlich
Dienen auch als Unterstützung wackeliger Kommoden
    sind unentbehrlich

Mit anderen Worten: Bücher machen nicht nur klug,
    sexy und vieles mehr
ohne sie wär
das Landleben – selbst mit Katzen und inmitten der
Natur – schwer.

Vertrauen

Jeder glückliche Augenblick will festgehalten werden
kümmert sich nicht um Vergänglichkeit auf Erden

Ist ein Baustein im Mosaik unserer Lebenszeit
Ob das Gesamtbild uns am Ende gefällt hängt ab von
unserem Vertrauen in die Zeit die noch bleibt.

Dankbar sein

Silvester ist nur dann eine Feiernacht die behagt
wenn man sich nicht mit guten Vorsätzen plagt
Sie einfach nur zu ignorieren geht gar nicht
Werde ich die Stunden mit anderen Vorsatz-Unwilligen
    verbringen?
um anzustoßen auf ein neues gutes Gelingen
Feiern als Pflicht?

Daran, zwölf Weintrauben vor Mitternacht zu verspeisen –
    wie es in Spanien üblich ist finde ich mehr Gefallen
als an Korken- und Böller-Knallen

Oder doch lieber in der casita mit Katzen, Musik und
    Kerzenschein dankbar sein?

Beginnen

Aufrichtigkeit zu beanspruchen ist ein hohes Ziel
Sie öffentlich zu machen
setzt die Hoffnung voraus: Seine eigene Herrin über
    Lebensangst zu werden
und Mut zu machen

Nicht jedem ist das Privileg gegönnt, ein naturnahes
    Dasein zu führen
Ich lebe im Wald mit meinen Tieren
und sie verführen
zu dem Aufrichtigkeits-Anspruch
und zu dem Versuch
sich zu besinnen

Wer nachdenkt der liest und schreibt
und wer schreibt findet Mit-Leserinnen
die vielleicht ebenfalls mit Nachdenken und Schreiben
    beginnen.

Bescheiden

Einfach nur dazusitzen
mit Blick ins Tal
kein Bedürfnis vor mich hinzukritzeln
total
optimal

Ohne Vorsätze ist der erste Tag im Neuen Jahr
Genau so wie er mir gefällt
Fast gedankenlos – dankbar
für den Ausblick durch die *Sabina*-Zweige in meine kleine
    Welt

Dabei denke ich – wie ich meine – bescheiden:
So könnte es für den Rest des Jahres bleiben.

Eine Tugend

Weil Bescheidenheit nicht zu meinen Tugenden zählt
denke ich darüber nach: Welche hättest du gern?
Eine, die mir schon immer erstrebenswert erschien
Eine jener fast unerreichbaren
unschätzbaren
nicht austauschbaren
raren

Eine, die nicht nach Schuld sucht
nicht flucht
frei ist von Sucht
Über die manchmal kluge alte Menschen verfügen
denen Eile und Ausreden zu lästig sind
und die daher weniger lügen

Eine die Beleidigungen lindert
Kriege verhindert
für die Hoffnung über Glaube geht
sich eigene Fehler eingesteht

So eine Tugend wäre am Weltfrieden schuld:
GEDULD.

Durchs Tal

Nachdem Nachbar Jäger meint
Lebewesen umzubringen sei sein Recht – wie Stierkampf,
    immer schon so gewesen
Wenn dann sein Sohn weint
und sagt: Padre, das sind Lebewesen
wie du und ich – mit Freude am Da-Sein
auf der Welt zu sein

Wo kommt sie her, diese Schieß-Lust
ist dir bewusst
dass wir – dein Sohn und deine Enkel dich nicht lieben
wenn du nicht aufhören kannst, aus Lust zu töten

Geliebt werden oder schießen, lange braucht der Jäger
    nicht für seine Wahl
Schüsse hallen durchs Tal.

309

Eigenliebe

Immer wieder ist das Meer
mehr

als eine Ahnung von Unendlichkeit
Erde und Himmel weit und breit

Und glitzerndes Gegenwarts-Licht
Jeder Augenblick wie ein Vergiss-mein-nicht

An einem Tag wie heute an dem ich mich nicht leiden kann
Fange ich am Meer abends wieder mit der Eigenliebe an.

Gelingen

Wortspiele sind Spiele, die auch allein zu spielen sind
Sie sind neben Zeitvertreib auch Lernspiele wie bei einem
Kind oder bei Tieren
Spielerisch lernen sie
sich und die Welt zu verstehen, zu improvisieren
schon Erlerntes auszuprobieren
mit Phantasie statt Strategie
einfach irgendwie
nur mit der Lust am Spiel
nicht unbedingt geschätzt von der Umgebung, da oft
skurril
und – vor allem – ohne Ziel
Spielerisch zu gewinnen
heißt: Gelingen.

Der Querulant

Sich gegen den täglichen Ansturm der Horrornachrichten
    zu wehren
erfordert nicht nur Energie und Mut
Sich pausenlos und lautstark zu beschweren
und zu kritisieren – wie gut das tut

Von erfreulichen Dingen zu berichten
ist uninteressant
Dabei wäre schon ein einziger erquicklicher Bericht
    in den Nachrichten
der Beweis, dass es ihn gibt den Gut-Menschen, beliebt
    ist jedoch der Querulant
Wer Positives beschreibt
langweilt

Zur Arroganz von Kritikern gehört in vielen Fällen
dass sie Positiv-Bericht-Erstatter als naiv darstellen.

Eben

Mein eigenes Gedicht einigermaßen passable zu finden
    ist bedenklich
Zu wenig Kritik
Zu wenig nachdenklich
Keinen Überblick

Doch dann weiß ich, was mir daran gefällt
Die lebensbejahende Beschreibung meiner kleinen Welt
die mit all ihren Nuancen schon am Morgen Neugierde
    schafft
Ein neuer Tag erwacht

Und mit ihm das Wunder Leben
Es ist sowohl alltäglich als spektakulär – ein Wunder eben.

Verwundert

Genau zu wissen was man nicht will
weiß ein jeder
Daraus zu schließen was man will
setzt entweder Mut und Verstand voraus
Oder Selbstvertrauen
Wer kennt sich schon mit seinen verborgenen Wünschen
aus
Oder kann in die Zukunft schauen

Folglich bleiben nur Visionen
Visionäre sind nur dann beliebt wenn sie Wunder
vollbringen
Und selbst Wundergläubige ahnen, dass es keine Wunder
gibt
Es sei denn, sie geschehen

Liebende können ein Wunder sehen
Verwundert verwandeln sie es in Ehen
Und wenn es ein Leben lang anhält
gehört es zu dem größten auf der Welt.

Lebenslust contra Dünengras

Auf einer Insel zu leben
deren Prioritäten für Nicht-Insulaner verwunderlich sein
    können
ist manchmal – sagen wir prekär
In der Monatsausgabe einer deutschen Zeitung wurden
    ausführlich die Dünen eines besonders schönen
    Strandes beschrieben
und wie gefährdet er wär

Auch das ist für Insel-Liebhaber ein Lieblingsthema – kein
    bisschen übertrieben
Denn nicht nur Drogen und Discos locken Bewunderer an
Auch Naturfreunde und Künstler geraten in ihren Bann

Dieses Mal war es nicht ganz so einfach gegen die
    Dünengras-Zerstörer zu protestieren
Es handelt sich um die aus aller Welt anreisenden Homo-
    sexuellen die in den fragilen Dünen ihre Lebenslust
    zelebrieren

Für den Erhalt der Dünen und gleichzeitig für Minderheiten
    zu sein ist ein Widerspruch in sich

Geht gar nicht
Denn die Zeitung druckt nicht nur hoch-wichtige
    Inselberichte
sondern auch einige meiner Gedichte.

Ein Erlebnis

Auch wenn ich inzwischen Freundschaft geschlossen
    habe mit mir
sperre ich mich manchmal aus
Doch dann klopfe ich an meine verschlossene Tür
und sage: Verzeihung, ich möchte wieder in Frieden
    zusammenleben

Bereuen hatte man mir beigebracht
Schon früh existierte ein Sündenbekenntnis
Vergebung erteilte nur eine Höhere Macht
Seitdem ich mir selbst die Absolution erteile ist Verzeihung
    und Freundschaft ein Erlebnis

Das Schicksal meint es gut mit mir
bei der sperrangelweit offen stehenden Tür.

In der Stille

Auf der Suche nach der Lebensziel-Suche
bin ich wieder einmal dem Zufall verfallen
Von allen Fallen sind sie jene Versuche
die am wenigsten auffallen

Doch dann schnappen sie zu
Du bist gefangen
und willst partout
nichts anderes als zufällig ans Ziel gelangen

Vorsehung, Zufall, Schicksal
Unsere Lieblingsvorstellung ist der freie Wille
Der ist zwar eine Illusion, aber hilfreich auf der Suche –
    auf jeden Fall
vor allem mit sich allein – in der Stille.

Auf der ganzen Welt

Ohne sie können wir uns ein Leben nicht vorstellen
Wir brauchen sie wie unser täglich Brot
Ohne sie wäre wie Meer ohne Wellen
Ohne Hilferufe in der Not

Wie Sterne scheinen sie unendlich zu sein
Wie Sterne leuchten sie
oder lassen uns allein
gleichzeitig haben sie eine Melodie

Machen unsere Gedanken sichtbar
Stellen uns bloß
oder ansprechbar
machen uns anspruchslos oder rücksichtslos

Wenn wir beschlossen haben, sie zu unseren Helfern
      zu machen
gehen wir mit ihnen um wie mit einem Menschen der
      zu uns hält
Dann rühren sie uns zu Tränen, bringen uns zum Lachen
Sind Friedensstifter auf der ganzen Welt:
Verständnisvolle WORTE.

Auf Erden

Neugierig auf den nächsten Tag zu sein
heißt so viel wie: Ich bin mutwillig
tagaus, tagein
ist nur der neugierig

der das Leben liebt
sich seinen Herausforderungen hingibt
um am Ende des Tages festzustellen:
Er war es wert gelebt zu werden
Glück und Leid sind Wellen
Solange sie nicht zu einem Tsunami anschwellen
ist das Leben lebenswert auf Erden.

Zu verlieren

Ob ein Morgengedicht gelungen ist
entscheide nur ich

Gelingen
heißt immer auch Zweifel bezwingen

Der Einzige der bestimmt
ob Versuche gelungen sind

Bist du
Und dann kommt die zustimmende Meinung von
    Gleichgesinnten hinzu

Das ist wie ein Glückszustand
Vorübergehend, und Anlass für den Vorwand

weiter zu fabulieren
und Binsenweisheiten zu fabrizieren

wie diese: Auch Misserfolge tragen dazu bei, den
Mut nicht zu verlieren.

Hand in Hand

Eine meiner liebsten Freundinnen hat ein nicht zu
    erschütterndes Gottvertrauen
Darum beneide ich sie
Auf ihr Verständnis, ihren Zuspruch kann ich bauen
Sie respektiert meine Zweifel, mein Infragestellen,
    meine Melancholie

Ihr Glaube ist das, was für mich Wunder sind
Sie existieren, sind aber nur für Wundergläubige sichtbar
Ein Wunder ist jedes Lebewesen in unserem Daseins-
    Labyrinth
Jeder Glaube ist anfechtbar

Leben zu dürfen – in Frieden – ist wundersam
Die meisten Menschen haben heute erkannt
Krieg bedeutet Untergang
Friede und Wunder gehen Hand in Hand.

Wegweiser

Erinnerung ist eine Form der Kreativität
Eine, die Improvisationen voraussetzt
Die mit intensiven Gefühlen einhergeht
Daher erinnerte Personen auch verletzt
oder ihnen ein Denkmal setzt

Sich damit zu befassen ist ein Gewinn
Ist von der Kreativität anderer immer zu unterscheiden
Daher lieben wir in der Kunst den Eigensinn
Nicht jeder hat den Mut, ihn auch vorzuzeigen

Er hat keinen guten Ruf, gilt als egoistisch oder
selbstgefällig
Nur was einem selbst gefällt überlebt den
Augenblick
und wird jenen gefallen auf deren Meinung man
Wert legt
Ein Wegweiser ist Kreativität.

Eine Wahl

Wenn das Nachtleben aufregender als das Wachleben ist
könnte ich für die erträumten Geschichten dankbar sein
Als praktizierender Possibilist
reihe ich die, die mir gefallen, in mein lyrisches
    Tagebuch ein

Und frage mich:
Wer bin ich?
Die Rebellin und Mutige der Traumgeschichten
Oder die zurückgezogen Lebende die nur eines will:
    Vor sich hindichten

Abwechselnd statt gleichzeitig
Am Ende entscheidet das Schicksal
Die Frage bleibt spannend und ist unvermeidlich:
Haben wir eine Wahl?

Vor der letzten Runde

Wenn eine Stunde einfach nur entschwunden ist
in der Unendlichkeit
trauere ich ihr hinterher
Bin ich deswegen ein Pessimist
oder eher
Jemand der
In einer Lebensphase ist die aufzeigt:
Es ist begrenzt – das Leben
Nur eine vorbestimmte Zeit wird dir gegeben
Wenn du das Wunder des Lebens schätzen willst genieße
    jede Stunde
vor der letzten Runde.

Als Autodidakt

Manchmal meint jemand der gern Geschichten hört
selbst aber keine erzählt:
Ach die 68er, die kennt doch ein jeder aber meinetwegen
Selbst hatte man die traditionelle Seite der Zeit gewählt
Auf der Hippie-Insel verbrachte man seinen Urlaub und
    fand die Blumenkinder unterhaltsamer als das eigene
    Luxusleben

Luxus kreiert dann spannende Geschichten
wenn man ihn infrage stellt
Freiwillig darauf zu verzichten
gelingt nur denjenigen, denen die eigene Selbstgefälligkeit
    nicht mehr gefällt

Dann findet man eventuell auf der Insel seine Ruh
nicht ohne Guru
und Indien-Kontakt
Ein Insel-Lebenskünstler verschmäht meist langjährige
    Studien und präsentiert sich als Autodidakt.

Fall-Gesetze

Nach einem morgendlichen Mut-Anfall beginne ich
    mit einer längeren Geschichte
Sie will schon lange aufgeschrieben werden
Aber ich protestiere: Mir gefallen Gedichte
Und Disziplin gehört nicht zu meinen Tugenden
Sie macht Beschwerden

Mit Ringelnatz und seinen Ameisen bleibe ich lieber
    in Altona auf der Chaussee statt nach Amerika zu reisen
Wenn ich Disziplin durch Neugierde ersetze
Wäre so ein Roman nur ein Nachkömmling
Mut-Anfälle haben ihre eigenen Fall-Gesetze.

Fehlkonstruktion

Zwischen Religion
und Testosteron
gibt es diese unselige Faszination
Trotz Evolution
konnte man sich gegenseitig in all den kleinen und großen
    Kriegen nicht besiegen

Und so ermordet ein junger Attentäter wie heute in
    Neuseeland unzählige Andersgläubige aus purer
    Aggression
Und bezeichnet sich als Kreuzritter
Die Frage an den Schöpfer ist berechtigt und bitter:
Ist der Mensch eine Fehlkonstruktion?

Mitspielen

Wer sich für Gedichte interessiert
findet auch Träume spannend
Ein Dichter experimentiert
Und Träume sind immer ein Experiment

Ein Rätselspiel
Eine Aufforderung sich zu trauen
hinzuschauen
Das Geschehene beim Namen zu nennen — wieviel

gehört zu dem Gefühl
sich im Traum-Spiegelbild selbst zu erkennen?
Surreale Traumbilder in Alltags-Entwürfe zu verwandeln
    heißt das Spiel
Mitspielen ist das Ziel.

Glückstag

Ein wahres Labsal
ist Müßiggang
Schon die Worte sind wie ein Festmahl
Sind Überschwang
Kein Tatendrang

Nur
Einheit mit der Natur
Ein kleines verborgenes Wunschbild strahlt auf
Ein Mosaik im Lebenslauf
Das malt meine Freundin und schenkt es mir
So ein Geburtstag ist heute – dafür danke ich ihr.

Als Geschenk

Die Spanier
sind mutiger

Einst waren sie *muy católico*
Heute sind sie ebenso

geschäftstüchtig wie der Vatikan
Ablässe zu verkaufen ist unmodern

Aber eine Madonna aus weißer Schokolade verkauft
    sich hervorragend
Und ist begehrt als originelles Geschenk.

Jetzt

Mit dem Stift in der Hand kann der Tag beginnen
Was immer er bringen mag
der Stift und der Tag
Ich beschließe: Es wird gelingen

So ein Morgen-Optimismus hat seine Tücken
Beschlüsse entstehen immer aus Verständigungs-Lücken
Nur heute nicht
sagt der Stift

Heute werden durch Gedanken-Spiele ersetzt:
Erinnerungen und Zukunftsträume im Hier und Jetzt.

Privilegiert

An einen gedichtlosen Tag wie heute
halte ich Ausschau nach anderen Trostspendern
Die Natur, das Meer, die Tiere machen Freude
Klagelust trägt nicht dazu bei, Unlust zu verändern

Als Ringelnatz- und Katzen-Bewunderin
sind auch ungereimte Tage ein Gewinn

die schließlich als Helfer in Betracht kommen
Einer lustvoll Klagenden bin ich heute entronnen

Jetzt hadert sie mit sich und mir in ihrem schönen Heim
und beklagt sich, nicht so privilegiert wie ich zu sein

Die eigenen Privilegien die erkennt nur der
der nicht lieber in einem anderen Land, mit anderen
    Erinnerungen – einfach eine andere wär.

Niveau

Nur ein einziges Wort auf dem weißen Blatt Papier
verführt zur Fortsetzung
Jeder, der schreibt, kennt diese Gier
geht dankbar mit der damit verbundenen Neugierde um

Ist nicht auf der Hut
Lässt Traumerinnerungen zu
Schreiben macht Mut
An jedem Morgen gehört ein Wort und viel Geschnatter
der Spatzen dazu

Recht hat sie, eine alte Freundin, die zur Zeit mit mir
hadert:
Ich bin privilegiert
Und immer weniger an Lamentationen interessiert

Auch unausgesprochen macht das Klagende nicht froh
Kritisieren statt akzeptieren – meinte frau – das hätte
Niveau.

Bedauernswert

Ich muss mich nicht davor fürchten, keine Gedichte mehr
    zustande zu bringen
Sie sind wie der Alltag – man muss ihn nur in Worte fassen
    – ihn bezwingen
Auf den Punkt bringen
Wem kann das schon täglich gelingen

Richtig, dem Klagebuchschreiber
Doch wer sich um das Klagen nicht schert
und meint: Ich entwerfe einfach weiter
ist entweder beneidenswert
Oder, wie jemand meint, Therapie-resistent, sozusagen
    bedauernswert.

Alltagsleben

Vom Alltagsleben zu berichten
ist für mich oft wie ein Gedicht
Geschichten
meiner alten Nachbarin Catalina
interessieren mich
ebenso wie ein Zitat von Seneca

So ist es, das Leben in einem Holzhaus im Pinienwald
Täglich neu und alt
Es festzuhalten
heißt gleichzeitig umgestalten

Zu einer späteren Zeit liest es sich vielleicht
wie himmelweit entfernt – von einem anderen Planeten
oder wie Wunscherfüllung nach Gebeten
Und doch ist es nur ein einmaliges Alltagsleben.

Handeln

Viele die schreiben
verbreiten
das Gerücht
schreiben würde helfen
Leiden zwar nicht zu vermeiden
aber zuversichtlicher zu bleiben

Daseins-Freude herbei zu schreiben gelingt nicht
Wohl aber Wehmut und Trauer in Geschichten zu
    verwandeln
die auch von Wagemut und Frohsinn handeln.

Wortspielereien

Das Leben auf einer Insel im Pinienwald – allein
schließt viele Gedankenspiele ein

die früher oder später zu Wortspielen führen
Zusammen mit den Tieren

machen sie irgendwann Sinn
Und so entstanden sie – die Wortspielereien einer Finca-
Hockerin.

Alphabetisches Verzeichnis der Titel

Zur Autorin

Marianne Hartwig wurde im Hunsrück geboren und verbrachte dort ihre Kindheit und frühe Jugend.

Sie betätigte sich u.a. als Designerin, Antiquitäten-händlerin in London und Hamburg. Als Kunsthand-werkerin entwarf sie bildhafte, textile Arbeiten und präsentierte sie zehn Jahre lang auf der Internationalen Frankfurter Messe. Parallel war sie Mitbegründerin einer Hamburger Literaturgruppe und nahm an Lesungen teil, auch innerhalb des Hamburger „Literatrubel" in den 1980er Jahren.

Verheiratet, bis ihr Mann 2009 unerwartet starb, hat sie einen erwachsenen Sohn und lebt mit ihren Katzen vorwiegend auf Ibiza. Sie pendelt jedoch zwischen neuer und alter Heimat, dem Hunsrück, den sie ebenso liebt.

Seit mehr als 35 Jahren schreibt sie vor allem Gedichte und Erzählungen.

Bisher von ihr erschienen:

Wie Sand am Meer: Freud und Leid Gedichte (BoD, Norderstedt, 2009), 192 S., broschiert, ISBN: 978-3-8391-1160-4

Sucht und Sehnsucht: Mit dir und ohne dich (BoD, Norderstedt, 2010), 308 S., broschiert, ISBN: 978-3-8423-3140-2

Balanceakt: Nach der Zeit zu zweit (BoD, Norderstedt, 2011), 199 S., broschiert, ISBN: 978-3-8423-8300-5

Ein Hauch von Zuversicht (BoD, Norderstedt, 2012), 236 S., broschiert, ISBN: 978-3-8482-2571-2

Daheim: Eine ungereimte Kindheit (BoD, Norderstedt, 2014), 288 S., broschiert, ISBN: 978-3-7357-5630-5

Weniger, aber Meer: Von der unerreichbaren Gelassenheit auf Ibiza (BoD, Norderstedt, 2015), 240 S., broschiert, ISBN: 978-3-7347-7152-1

Mutwillig: Von Leicht-, Froh- und Unsinn (BoD, Norderstedt, 2016), 212 S. broschiert, ISBN 978-3-7412-6198-5

Vor-Lieben: Poesie des Alltags (BoD, Norderstedt, 2017), 272 S. broschiert, ISBN 978-3-7460-4404-0

Mit sich und der Welt in Reimen: Aus meinem lyrischen Tagebuch (BoD, Norderstedt, 2018), 208 S. broschiert, ISBN 978-3-7481-4120-4